今日も
レストランの
灯りに

The restaurant lights:
Finding my new life in
the Italian restaurant

岩永直子

Naoko Iwanaga

イースト・プレス

まえがき

夕暮れの春日通りを真っ直ぐ歩いていくと、ガソリンスタンドを過ぎたあたりでその小さなレストランのぼんやりとした灯りが見えてくる。開店前だからまだ照明は全開にしていない。私がこれから働く店。愛しく思う店。「おかえり」と迎えられている気がして、私が大好きな瞬間だ。

ドアを開けるとカランカランと音が鳴って、ハンチング帽姿のシェフが顔を上げる。店の奥のテーブルに座り、「本日のメニュー」をノートパソコンで書いているのだ。「お疲れ様です」と挨拶すると、ニヤっとしながら「お疲れさん」と返ってくる。あと15分で開店だ。エプロンを手早く身につけ、ピッチャーにお冷やを用意したり、予約席を作ったり、お客さんを迎える準備を始める。今日はどんな人が来るのだろうか。午後6時になると、店のドアにかかっている「CLOSED」の札を「OPEN」にひっくり返す。さあ開店だ。

暇な夜でも、忙しい夜でも、常連さんがふらりと現れると、「楽しくなってきたな！」といつものようにシェフがワクワクした顔をする。ボトルを開けた常連さんが「シェフと岩永さんも一杯どうぞ」と勧めてくれるから、シェフは厨房から出てきてテーブルに一緒に座って飲み始めてしまう。

「おかあさ〜ん、低温調理のレバー頼むね」
「おかあさ〜ん、ヤゲンナンコツのペペロンチーノよろしく」

腰を据えて常連さんとおしゃべりを始めたシェフに言われ、私は「こんな息子、産んだ覚えはないですよ！」と笑いながら、前菜を盛り付けて運ぶ。食べ終えてしばらく経った常連さんから「もうシェフ！　飲んでばっかいないで、そろそろパスタ作ってよ」とつつかれて、やっとシェフが腰を上げる。どんなに飲んでも、厨房に立つとシャキッとして、いつものように美味しい料理を作ることができるのが不思議だ。

パスタを盛り付けるトングでシェフがいつものリズムを刻むと、私やバイト仲間の大学生は一斉にジャンプしてシェフと顔を見合わせて笑う。ガキ大将のようなシェフとバイトたちで共有する、うちの店の楽しい儀式。そんな風にして出来上がったパスタを運ぶと、お客さんが「すごく美味しい！」と喜んでくれる。私はシェフに「『すごく美味しい！』いただきました！」と伝えにいく。「ありがとうございます！　嬉しいです！」。シェフが常連さんのテーブルにお礼を伝えに行き、また一緒に飲み始めてしまった。

もちろん客商売は楽しいことばかりではない。理不尽な要求をするお客さんも、連絡なしでキャンセルや遅刻をするお客さんもいる。厳しい言葉を投げつけられて、悲しい思いをすることだってある。

それでも、シェフの誕生日にバイオリンでシェフの大好きな曲を演奏してくれる常連さん、バイト仲間の大学生がバイトを卒業する時、明け方まで送別会を開いてくれた常連さん、パーティーの後に一緒に片付けを手伝ってくれる常連さんもいる。「他のお客さんが『美味しい』と言ってくれると自分のことのように嬉しいんだよね」「この店が移転したら、僕も一緒に引っ越そうかな」。そんなことを言ってくれる常連さんもいる。本業の仕事ができなくなって落ち込む私を慰めて、深夜の帰り道、送ってくれる常連さんもいる。

そんな風にシェフと常連さんとスタッフたちが皆で大事に守るこの店は、街の温かい灯りのようになっている。

私は普段、医療を専門とする記者をしている。ひょんなことから自宅近くのこのイタリアンレストランで接客のアルバイトを始めて、約1年が経った。

そんな自分が初めて新型コロナに感染したという体験記を本業のインターネットメディアで書いたところ、そこで少しだけ触れた「イタリアンレストランでバイトをしている」という部分がやけに注目されてしまった。なぜベテラン記者がまったく分野の違う飲食業界でバイトをしているのか、それほど生活に困っているのか、と心配もされた。

でも心配ご無用。私はこの店でバイトを始めて、大袈裟ではなく人生が面白くなってきている。

そんな日々を忘れないでおきたくて、シェフに許可を得て2022年12月から「バイト日記」としてｎｏｔｅというネットの媒体にブログを書くようになった。

お客さんやバイト仲間とのやり取り、コロナ禍の飲食店の大変な状況などさまざまなエピソードを書いているつもりだが、結局は、個性的過ぎるシェフの観察日記になっているのかもしれない。そして、ちょっぴり自己中なシェフと時折、衝突しながらも、いつのまにかこの店は私にとって大切な居場所になっていた。

どうか、この本を手に取ってくださったあなたにもこの店の温かさに触れてほしい。

いらっしゃいませ。ホール担当の私がご案内いたします。Pasta e Vino Keiをめぐる物語にようこそ！

Contents

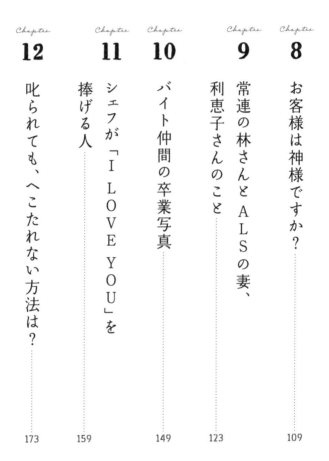

Chapter

1

医療記者、イタリアンレストランでバイトを始める

バイトを始めたきっかけは新型コロナの第7波がピークを迎えかけていた、2022年7月終わりの休日の午後のことだった。

近所で散歩中、通りかかったことはあるけれど、入ったことのないイタリアンレストランの前に置かれている立て看板のメニューを見ていると、開店前の店の扉が急に開いた。中からハンチング帽姿の40代半ばぐらいの男性が片手にワイングラスを持って出てきて、私にこう言った。

「おう、一緒に呑もうぜ」

なんだ？　この人。

ニヤリと笑う顔はガキ大将のような風貌で、いきなりのタメ口がなぜか気にならない。口調からして既にもうかなり呑んで、酔っているようだ。開店までまだ1時間以上あるのに、入って一緒に呑んでいいと言う。その人は、ここのオーナーシェフだと名乗った。

店内を覗き込むと、一緒にいた50代ぐらいの女性が「外でずっとメニューを見ているから、私が誘えって言っちゃったのよ。ごめんなさいね。でもすごくいいお店なの。入った方がいいわよ」とさらに誘いをかけてくる。この店の常連の女性、サトコさんだ。

なんだか面白くなって、誘われるがままに入ってみた。打ちっぱなしのコンクリートと木の壁が組み合わさった内装の店内は居心地が良さそう。私の分のワイングラスが渡され、開いたボトルから白ワインがドボドボと注がれた。

これが私とこの店「Pasta e Vino Kei」、そしてオーナーシェフ、岩井圭さん（47）との出会いだった。

楽しく呑むのかと思いきや、そこから延々と始まったのは、シェフの愚痴話だった。

曰く、新型コロナウイルス感染症の流行が始まって、客が激減した。緊急事態宣言やまん延防止等重点措置で営業の時短要請が出ていた時は協力金も出ていたが、今はそれもなく経営は苦しい。調理補助や接客のスタッフの募集を何度もかけているが、応募さえなかなか来ない。


「続ければ続けるほど赤字を貯金から補填することになって、なんのために働いているかわからなくなる。もうこの店から撤退して、田舎に帰ろうかと考え始めているんですよ」

「健康診断で肝臓の数値が悪化して、医者から飲む量を減らさないと肝硬変になると言われてる。でも呑んでしまう」

「どれだけ努力しても全然いいことがないから、今日は日枝神社にお参りに行きました。もう神頼みしかない」


シェフが嘆く度に、サトコさんがフォローする。


「ここまで10年やってきたのにもったいないじゃない」

「すごく美味しいのよ。それは私が保証する。お店を閉めちゃったら私が困るじゃない。絶対続けた方がいいわよ」

「この人は根っからの職人さんだから、働いている子をきつく叱ったりもするのよね……。それで続かないのかもしれないけど……」

話している内容は深刻なのに真っ暗にならないのは、シェフが合間合間にウケを狙ったり、仕事に対する情熱を語ったりするからだ。

サトコさんのフォローの言葉に照れて彼女のお腹をつつき、私が「セクハラ！ ダメ！」と突っ込んで、3人で笑う。「オレの酒っコ、どごいった？」など、生まれ故郷の岩手弁で笑わせる。

食材や飲み物メニューへのこだわりや、ベーコンや発酵調味料をすべて手作りしていることなども教えてくれる。手間暇を惜しまない料理のエピソードのあれこれを聞くと、料理人としての真摯な姿勢が伝わってきた。

そんな風に呑んでいる最中にとっくに店はオープンの時間になったが、確かに客は一人も来ない。後から聞いた話だが、この日はランチの時間に岩手出身のお客さんが来て意気投合し、昼間から一緒にワインをかなりの量飲んでいたらしい。ホールのバイトもおらず、店を開いてもワンオペになるため、夜は営業するつもりはなかったそうだ。

せっかくだからと私はタコとアボカドのマリネと、黒板のおすすめメニューにあったスミイカのパスタを注文した。

シェフはワイングラス片手にフラフラしながら厨房に向かう。こんな状態で本当に作れるのかな、と心配したが、それは杞憂だった。最初に出てきたタコとアボカドのマリネは塩気も酸味もちょうどいい塩梅で、酔っ払った人が作っているとは思えない。北海道産というタコも柔らかく、旨みがしっかり感じられて、食材へのこだわりは味ですぐわかった。「美味しいですね！」と言うと、シェフはその日一番の嬉しそうな顔を見せた。「そうだろ！」。満面の笑みを見せながら一緒に食べる。

時間を置いて作ってくれたスミイカのパスタも絶品だった。

すっかり打ち解け、料理も気に入った様子の私を見て、サトコさんはすかさず「ねえ、ここであなた働かない？」とリクルートをかけてきた。「いやいや、私、フルタイムで働いているんですよ」と言うとがっかりした顔をして、「じゃあ、これからもここに食べに来てね」と言う。

食べ終えて二人に別れを告げ、すっかり暗くなった夜道を自宅に歩いて帰った。なんとも言えない楽しい気分が胸を満たしていた。

帰宅してからお店の名前を検索した。店の公式ウェブサイトや飲食店検索サイトの客の口コミなども見て、特に面白く感じたのはシェフの書いているブログだった。看板メニューのレシピを熱量の高い言葉で惜しみなく披露していて、あぁ料理に真っ直ぐな人なのだなと改めて感じた。

その後、私は久しぶりに開いた飲食店の求人サイトでその店の名前を検索した。実は私はずっと前から、飲食店でアルバイトをしようと、この求人サイトに登録していたのだ。

新聞社で20年、ネットメディアで5年、医療の専門記者として働いてきた私がなぜ飲食店でバイトをしたくなったのか。

コロナ禍は医療記者としてかつてないほど忙しい時期だった。刻々と状況が動くため、取材したらすぐさま記事を出すべく深夜まで原稿を書き、原稿を出したら「次の課題は何か?」とまた探す。これの繰り返しで、気の休まる時がなかった。

しかし、メディアの経営はコロナ禍の間、より厳しくなっている。デマがあふれてこれほど正確な情報が必要な時に、私がかつて所属していた新聞業界は軒並み大幅に部数を下げ、ネットメディアはどこも綱渡りの経営が続いている。仕事は忙しさを増していくのに、専門記者としての仕事は評価されず、給料は上がらない。

私が書いている医療記事は、どの専門家を取材するか、どの論文や資料に当たり、何を質問するかで、専門記者としての蓄積や見識がどれほどあるかが露《あら》わになるものだ。だが、ワイドショーではその分野の専門家とは言えないような「なんちゃって専門家」が人気を集め、ネットでも素人がお手軽に書いたような根拠のない記事が多くの人にシェアされている。そして医療分野に限らず、PV（ページビュー、閲覧数）稼ぎのために書いているような取材なしで書ける「こたつ記事」、広告まがいの記事がネットを席巻している始末だ。

このまま医療記者を続けていけるのか、という不安は年々増していた。報道畑でずっと書いてきた私は、食い詰めたとしてもスポンサーへの忖度で筆を曲げることは我慢ならないし、そんなことをするぐらいなら記者を続ける意味はない。再出発するならできるだけ早い方がいい。でも記者の仕事というのは案外、潰しが効かない。

50歳を目の前にした私に何ができるだろうかと悩み、好きな飲食業界にまずはチャレンジしようと考えた。食べることも呑むことも大好きで、趣味は居酒屋通いだ。それに、私の亡き祖父と母は料理人で、特に現役で飲食店で働いている母には飲食業界の厳しさも面白さもよく聞いていた。

しかし、接客アルバイトを目指して登録したものの、この業界での経験のなさ、アラフィフという年齢、本業を続けながら週1～2日しか働けないという中途半端な条件では応募や面接にこぎつくのさえ困難だった。10軒ぐらい門前払いされ、やっと採用された老舗の有名居酒屋はブラック企業で、1日で辞めることになった。

（やっぱり無謀だよな。甘過ぎる考えだったよな……）

そう諦めて半年ぐらい経った頃、たまたまこの店に出会ったのだ。

1日考えた後、その求人サイトで応募してみると、すぐ面接になった。ランチが終わった後の指定された時間に店に行ってみると、シェフはもちろん私を覚えていたものの、話した内容をほとんど忘れてしまっているようだった。

「なんか僕、変なこと言ってませんでした？」

すっかり大人しくなって、問題発言がなかったか心配するシェフの姿に、くすくす笑ってしまう。

質問に答えるというより、この店ではお客さんとのコミュニケーションを大事にしていること、ホールの人にはどんどんお客さんに話しかけてもらい接客の力でお客さんを呼べるようになってほしいことなど、シェフの理想のホールスタッフのあり方を聞かされる面接だった。緊張するはずの面接が楽しくて、最初からリラックスした気分で過ごせたのが不思議だった。

「今月は何曜日に入れますか？」

サクッと採用され、初出勤日も決まり、「せっかくだから、ちょっと生ビールの注ぎ方やってみます？」と、その場でいきなり生ビール研修になった。

専用のスポンジに洗剤をつけてグラスの内側を丁寧に洗い、浄水器の浄水で流す。そうするとビールの泡がグラスの内側に付かず、クリアな見た目になるのだ。洗った後は水をしっかり切って、液体と泡とのバランスが一番良くなる量までビールを注ぎ、泡をその上から静かに被せる。上に浮かんでくるきめの粗い泡をいったんスプーンで取り除き、さらにきめ細かい泡を注いでいく。グラスの縁より2ミリほどこんもりと膨らんだクリーミーな泡が表面を覆う形になれば完成だ。

シェフがそんな注ぎ方の手順を私に説明しながらやって見せ、私もそれを後から真似してみる。簡単なように見えて難しい。泡の量もきめ細かさもブサイクな初めての生ビールが完成した。注いだビールはもったいないから呑んでいいよと言われた。

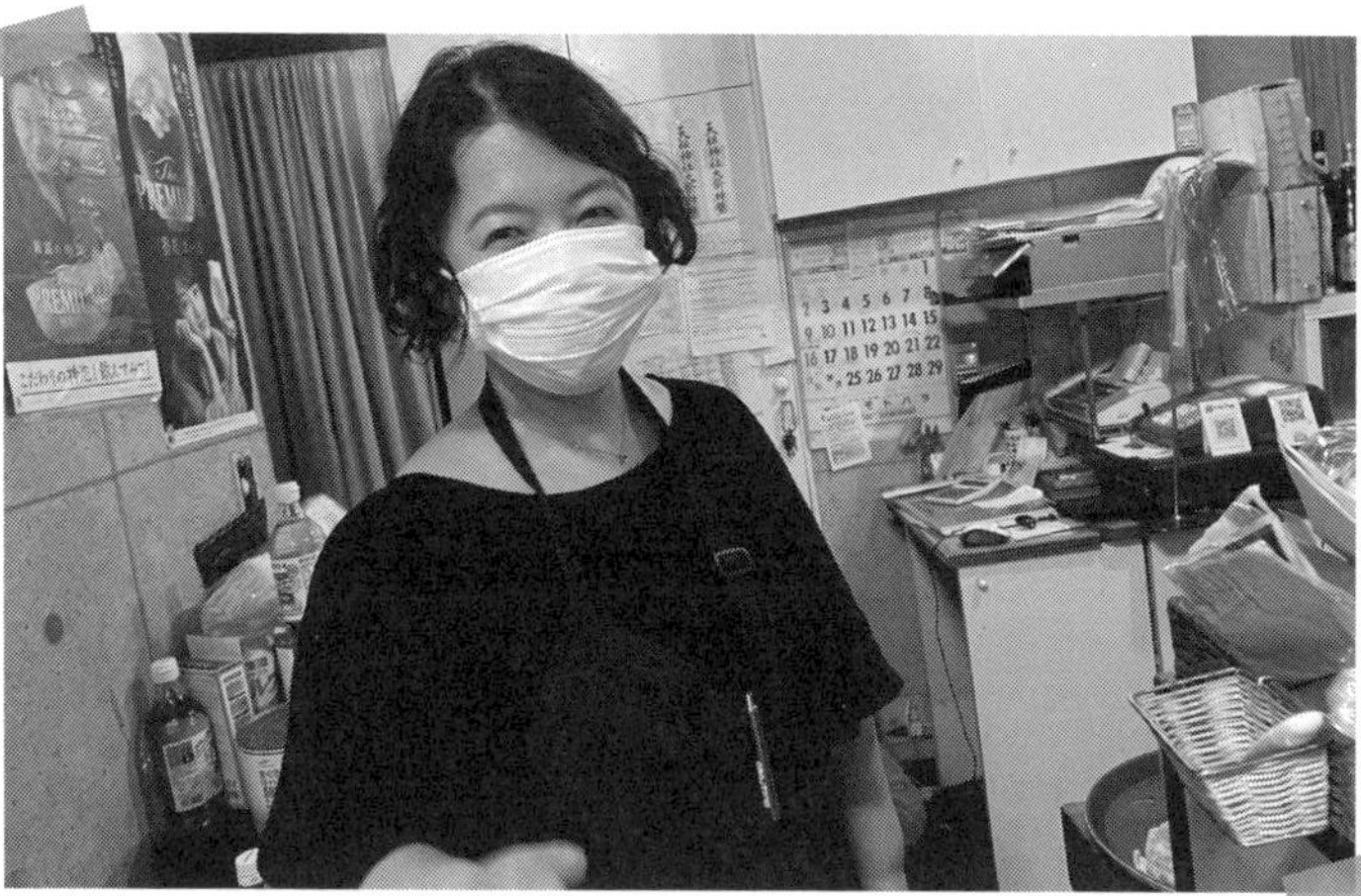
店で接客の仕事をする筆者（シェフ撮影）

「これからよろしくお願いします」

互いに注いだ生ビールで乾杯し、面接でもまた軽く呑んでしまった。

こうして私のバイト生活が始まった。

recipe

タコとアボカドのマリネ

材料（1人前）

○ タコ……100g
○ アボカド……1/2玉

［仕上げ］
○ 万能ネギ（小口ぎり）……5g
○ ピンクペッパー……適量

A：調味料

○ エキストラバージンオリーブオイル……適量
○ 三ツ星醤油（なければ普通の醤油で）……適量
○ ホワイトペッパー……適量
○ わさびチューブ……2センチ
○ 白ワインビネガー……適量

作り方

1 タコの足をそぎ切りにして、 アボカドの皮をむき、 1センチ角に切る。
2 ボウルに1とAを全部入れてよく混ぜる。
3 味を見てOKなら、 冷凍庫で冷やした皿に盛り、 みじん切りにした万能ネギとピンクペッパーを散らす。

Chapter

2

常連さんは
店のファミリー

2022年8月から接客のアルバイトをするために本業の会社の許可も取り、主に土曜のディナーを担当することになった。働き始めてわかったのは、常連さんは店にとってお客さんを超える大事な存在だということだ。

いよいよ初出勤。飲食店の接客は、大学生の時に実家近くのサイゼリヤやフレンチレストランでアルバイトをして以来、実に30年ぶりになる。事前に指示されていたように、黒色に統一した服、エプロン、スニーカー姿で、開店15分前の店に入った。

コロナ禍で席数を制限していることもあり、テーブル9つ、厨房をL字型に囲むカウンターで25人も入ればいっぱいになるこのお店。ホールの私の仕事は、注文を取って料理を運び、ドリンクを作って出し、食器を下げ、皿洗いや片付けをし、簡単な調理補助などをすることだ。

店の経営を手伝い、ホールや経理を取り仕切るシェフの妻、マダムの康子さんはランチの時間しかいないので、ディナーに入る私にはシェフが調理をしながらあれこれ教えてくれた。

幸い（？）初日はお客さんがそれほど入らず、雑談しながら余裕をもって教えてもらえた。

シェフは料理のプロであることはもちろんだが、人と話すのが抜群に上手い。普通、出会って間もない人との会話は何かしら気が張るものだが、それがまったくない。私の呼び名は、かしこまった「岩永さん」から、私が3つ年上ということもあって「姐さん」「姐御」「お母さん」、「直子！（主に注意する時）」「直ちゃん（主にからかう時）」と、どんどん砕けていった。今では、「八十吉（小錦の日本名）」「太ったおねえさん」「ティラノサウルス（顔が似ているらしい）」「隆盛（西郷隆盛）」「ふとっちょ」「でぶっちょ」などバリエーションはさらに豊かになっている。

店に来る様々なお客さんのエピソードを教えてくれながら、シェフが初日から繰り返し私に言ったのはこのことだ。

「ホール担当の人にはお客さんといっぱい話してほしいんですよ。そうすれば僕は料理に集中できる。皿洗いとかは後回しでいいから、とにかくお客さんに積極的に話しかけてください」

思えば、私が応募した飲食店の求人サイトでも、この店のホールの募集要項の文章は明らかに他の店とは違っていた。

1人のお客様でお話ししながらお酒を飲むのがお好きな方がいらしたら可能な範囲でその方のお話しに付き合う。とか。(ずっと付き合うというわけではありません、見極めは難しいですが…)

東北出身でそこの日本酒やおつまみが好きな方がいらしたら(実在の常連様です、そして頻繁にいらっしゃることを前提として)「今日は、秋田の純米吟醸と三陸のホヤがあります。是非どうですか?」「じゃあそれもらおうかな」みたいな。

めちゃくちゃディナーが忙しいというお店ではないので、そのかわり頻繁にいらして下さるお客様にいかに寄り添えるかを重要視しています。

募集の文章より

お客さんとの人間くさい交流を大事にしている方針も、この店に応募する気持ちを固めた要素の一つだった。

実際、シェフは調理が一段落すると、「ちょっとあのお客さんとしゃべってこようかな」と、よくホールに出てくる。

「どうやってこのお店を見つけてくださったんですか？」
「この料理、ビールと合うでしょう？」
「住まいはお近くなんですか？」
「辛さ、どうでした？」

何気ない質問を糸口に、お客さんの好みや、近所の人か、また来てくれそうか、普段はどんな酒を飲むのか、どんどん聞き出していく。というか、どんどん親しくなっていく。常連さんの一人はシェフのことを「雑談の鬼」とも呼んでいるほどだ。

コロナ禍でお客さんが減ったこともあるが、個人経営の小さな店にとって、店を気に入ってリピートしてくれるお客さんは貴重な財産となる。「なるほど、こうして店の経営を安定させるのか」と、最初は単純にわかったような気分になっていた。

私はプライベートでは人見知りだが、記者の仕事をしているので、仕事スイッチが入ったら初対面の人に話しかけるのは慣れている。職業柄、「話しかけられたくない」「これ以上踏み込むな」というオーラも比較的察知できる方だ。

様子を見ながら「お口に合いますか？」などと話しかけると、お客さんは「美味しいです」「今まで食べたカルボナーラの中で一番です」などと料理の感想を伝えてくれる。人によっては、「最近、転勤で近くに引っ越してきたんですよ」などと、自身のことをどんどん話してくれる人もいる。

「『美味しいです』いただきました！」「宮城県ご出身なんですって」と、お客さんの言葉を厨房でシェフに伝えると、シェフは「嬉しいです！」「ナイスファイト！」と喜んでくれる。

お客さんと話すことで、ただ料理や飲み物を運ぶだけでない、接客の仕事の面白さが少しずつわかり始めた。

あっという間に過ぎた初日、ラストオーダーの午後10時前。野球帽を被った目鼻立ちのはっきりした40歳ぐらいの男性と、背の高いクールな雰囲気の同じく40代とみられる男性がバラバラに入ってきた。それぞれ勝手知ったる様子でシェフの目の前のカウンター席に陣取る。

バイト初日に歓迎会を開いてくれた杉井さん（左）千葉さん（真ん中）シェフ（右）

シェフが「おー杉井さん！」「千葉さん！」と嬉しそうに声をかけるところを見ると、常連さんらしい。生ビールを注いで持っていく時に、紹介してもらい挨拶をした。

杉井さん（仮名）は店近くの建設会社の経営者だ。クールな千葉史和さんはシェフと同郷の小中学校の同級生で、偶然、店の近所に職場があったので通うようになった。シェフのことを「けけ」と子供時代のあだ名で呼んでいる。伝票には通常、席の番号を書くのだが、シェフは「常連さんの伝票は名前を書いて」と言う。

「今日はみんなで姐さんの歓迎会だな」と、常連さんが来て陽気になったシェフが軽口を叩く。冗談かと思ったら、裏に引っ込んできた私にシェフは「もう仕事は終えていいから、杉井さんや千葉さんと呑もう」と囁いた。常連さんを巻き込んで新人バイトの歓迎会を開いてくれるというのだ。

みんなでテーブル席に移動し、結局、この日は午前1時過ぎまで私の歓迎会を開いてくれた。初対面の常連さんがワインを次々に開けて私にごちそうしてくれる。

「本当にこの店、大変だったから岩永さんみたいな人が入ってくれて助かったよ。俺なんか一時、ホールを手伝ってたもん」

杉井さんも千葉さんも、シェフがワンオペでてんやわんやしている時に、ホールの仕事を手伝っていたことがあるらしい。

千葉さんは多摩地区に住んでおり、呑んでいるうちに終電はとっくになくなってしまった。心配する私に、「ここに泊まるから大丈夫」と平然としている。遅くまで呑む時は、店でシェフと一緒に泊まるらしい。

4人で5本のワインを開け、爆笑しながら話した中身も、この日どうやって帰ったのかも覚えていない。すっかり酔っ払った私を杉井さんがお金を払ってタクシーに押し込んでくれたと、後で聞いた。

注文取りのミスもし、運ぶテーブルを間違えもし、一人前の仕事はまったくできなかったのに、初日から私はこの店の仲間に入れてもらえたと感じた。そして常連さんはお店の仲間の一人、いわば店のファミリーの一員なのだと理解した。

日曜日によく来るのでシェフが「サンデー野中さん」と呼んでいる大工さんの男性常連客、野中睦さんがいる。私が働く土曜日にも来てくれるようになり、「サタデー野中さん」の別名を持つようになった。

料理が得意で、鍋ごと自作のもつ煮込みを持ってきてくれたり、自信作という塩焼きそばをシェフとバイトの私の分と2パックお土産に持ってきてくれたりしたこともある。私が好きな常連さんの一人だ。

バイトを始めて2ヶ月が経った10月、少し慣れた私は「岩永直子生誕祭をここで開きます！」と図々しくも宣言した。誕生日の少し前からバイト仲間や親しくなった常連さんたちに「絶対に来てくださいよ」と脅すように声をかけ、当日を迎えた。

結局、常連の杉井さんとバイト仲間のコウタ君とコイズミ君、シェフが祝ってくれて、いつもより高めのワインや誕生日のデザートプレートなどをごちそうしてくれた。ケーキに差した花火はシェフの指示で、コウタ君がわざわざ買ってきてくれた。

それだけでもものすごく嬉しかったのだが、「仕事で来られなかった」というサタデー野中さんはなんと後日、シェフに私へのプレゼントを託してくれた。お花の形の焼き菓子の詰め合わせだ。

「サタデー野中さんは、義理堅い男なんだよ」とシェフも嬉しそうに言う。お店で数回しか会ったことがないバイトの私にここまでしてくれるなんて、どこまで優しい人なのだろう。


小久保透さんは、私がバイトに入る前からずっと店に通っている28歳の若き常連さんだ。ワインが好きで、自分のコレクションから度々ワインを持ち込んでは、私たちにも少しずつ振る舞ってくれる。


「こんなに美味しいパスタを食べたことがない！」「ここにずっと入り浸りたい！」

シェフのパスタやこの店への愛情をストレートにいつも語ってくれるので、シェフもよく「小久保ちゃん来ないかな」と言っては、来店を待っているような人だ。

そして営業の仕事が本業なのに、大学時代に海外留学までして学んだバイオリンの演奏を店でも度々してくれる。シェフは小久保さんの弾く「G線上のアリア」が大好きだ。

2023年5月31日のシェフと杉井さんの誕生日（二人は偶然同じ誕生日！）にはバイオリ

私の誕生日を祝ってくれた（左から）バイト仲間のコウタくん、常連の杉井さん、シェフ、コイズミ君

ンを持参して、バースデーソングや「G線上のアリア」を弾いてくれた。シェフのYouTubeチャンネル「岩ちゃんねるず」に載せているので聴いてみてほしい。

小久保さんはホールの私が忙しい時に、お皿を下げるのを手伝ってくれたりもする。また深夜まで一緒に飲んだ時は、シェフが仮眠するためのベッドも率先して作ってくれるようになった。完全に店のファミリーだ。

こういう経験を積み重ねていくうちに、常連さんはただのお客さんではなくなっていく。そんな人がお店に顔を出してくれると、営業スマイルではなく、来てくれて嬉しいという笑顔が自然に溢れ出す。きっと、それを常連さんも感じてくれて、また寄ってくれる。

サービスを一方的に提供する・される関係ではない、相互関係になっていくのだ。

ところで、この店で接客バイトをしている私は、別の居酒屋の常連の一人でもある。コロナ禍で客が激減した時は、半ば使命感のようなものさえ感じながら閑古鳥が鳴く馴染みの店に通い、営業自粛の時はテイクアウトの酒や肴をせっせと買いにいった。

それはなぜか？

自分の愛する店が、愛する居場所がなくなってほしくなかったからだ。顔なじみになり、店の人と会話を重ね、自分が不特定多数の客の一人でなく、「岩永直子」個人として大事にされている感覚が芽生えると、そこは自分の居場所になっていく。

そんな常連同士も会話する度に親しくなり、お店という場所を介した緩やかな絆のようなものまで生まれてくる。

数年前のことになる。私が最もよく通っている東京・大塚の日本酒の美味しい居酒屋「酒蔵きたやま」でしょっちゅう顔を見かけていた独身、中年男性の常連さんが急に顔を見せなくなったことがあった。その人は、隣に座れば日本酒のうんちくを長々と語り、政治や経済の話題で持論を展開して議論をふっかけてくる少し「面倒くさい」客だった。

だが、糖尿病を患いながらも大酒飲みなその人がぱったり来なくなれば、みんな心配になる。やはりその人がよく通っていたもう一つの居酒屋「大塚まるま」との常連ネットワークで調べたところ、病気でしばらく前に入院し、亡くなっていたことがわかった。その知らせもあっという間に皆に伝えられた。

「まったく面倒くさい人だったよね」

「腹の立つこともたくさんあった」

「俺なんかしょっちゅうけんかしてたもんね」

知らせを聞いて、店の人と常連さんで悼んでいるのだか、けなしているのだかわからない思い出話をしながら、もう二度と会えないことに寂しくなって献杯を重ねる。

店の常連になるとはこういうことだ。

子供もおらず、地域とつながりを持つ機会がほとんどない私のような人間にとって、馴染みの店に通うということは単に飲み食いすること以上の意味を持つ。家族関係でも、仕事関係でもなく、自分が安心して居てもいい場所を大切に育む行為でもあるのだ。

最後に、2022年のサッカーFIFAワールドカップをきっかけにうちのお店に通い始めた25歳の若き常連さん、常盤馨さんのことにも触れておこう。

うちの店は普段テレビを置いていない。だが、11月27日に開かれたグループステージの日本対コスタリカ戦は、午後7時キックオフで営業時間中だったことから、アルバイト仲間の大学生・コイズミ君が自宅からテレビを持ってきて中継を流していたそうだ。

近所に引っ越してきた常盤さんはそのコスタリカ戦を見ながらご飯を食べようと店に入り、いつものように話しかけたシェフと意気投合。その後もちょこちょこ寄るようになって深夜まで飲むうちに、自宅にシェフを招き入れ一緒に飲むほど仲良くなったらしい。

私が初めて常盤さんに会ったのは、W杯決勝前日の土曜日だ。そんな店との馴れ初めを聞いて、「明日の決勝、観るんですか?」と聞くと「もちろんです!」と言う。「一緒に見る?」と聞いたのがシェフの方だったか、常盤さんの方だったかは忘れてしまった。なんだか楽しそうで、「じゃあ私も一緒に観ようかな」と参加を決めた。

日本時間の12月19日午前0時のキックオフを前に、常盤さんの自宅からテレビを店に運び込み、シェフが作った煮込みやサラダ、持ち寄った酒や肴で一緒に観戦した。

試合はもつれにもつれてＰＫ戦となり、アルゼンチンの優勝に互いにハイタッチして大喜びした。店に最初に顔を出してから1ヶ月も経たないうちに、こんな距離感になったのだ。

常盤さんはその後も数日おきに店に来ては夜ご飯を食べ、食べ終わった後も、うとうとしながらシェフが仕事を終えるのをじっと待っている。「僕はシェフの料理もシェフのことも大好きなんです」。一緒に飲みながら話したいのだ。

そして深夜まで自身がいつか作りたい公園の夢を語り、大学時代に数々の賞を受賞し今も練習や後輩の指導を続けている少林寺拳法の技を店内で披露し、将来のために資格や語学の勉強にどれほど時間を割いているかを語る。シェフや私たちスタッフも常盤さんのそんな挑戦を応援し、仲間を大勢連れて食べにきてくれる時は親しみを持って歓迎する。若い常盤さんの恋愛事情を聞いては、うまくいくように勝手なアドバイスをして笑い合う。店とお客さんというより人間同士の付き合いになっていくのだ。

クリスマスイブも常盤さんはなぜか夜の1時過ぎに現れて、3人で一緒に乾杯した。

ランチとディナーの営業を終え、クタクタになって寝落ちしそうになっている時でも、シェフはそんな風に親しくなった常連さんと語りながら飲む時、とても幸せそうだ。

「お客さんに喜んでもらいたいし、満足してもらいたい。店をそんな場所にすることは、自分の使命だと思ってるから」

Chapter

3

休めない、
帰れないシェフ

うちの店で働き始めて気づいたことだが、オーナーシェフはなかなか休めない。そしてなかなか家に帰れない。慢性的な過労状態で、なんとか店の経営を維持している。

そんな姿を間近で見ていると、これまで医療記者として発信してきたコロナ対策が実行しづらい実情も理解できてしまう。引き裂かれる自分を感じる日々だ。

個人経営の店で、料理を作り、食材の仕入れや仕込みをするのはオーナーシェフの岩井さんただ一人だ。

調理補助の若いアルバイト、コウタ君を一人雇っているが、彼は他の店と掛け持ちで働いているため、仕込みや調理を弟子のようにすべて教え込むことは難しい。自分の代わりになるような料理人を雇いたくても、長引く不景気にコロナ禍が打撃を加え、飲食業界の人材確保は厳しい状況が続いている。

代わりがいないということは、シェフがすべてを背負うということだ。毎晩、店の片付

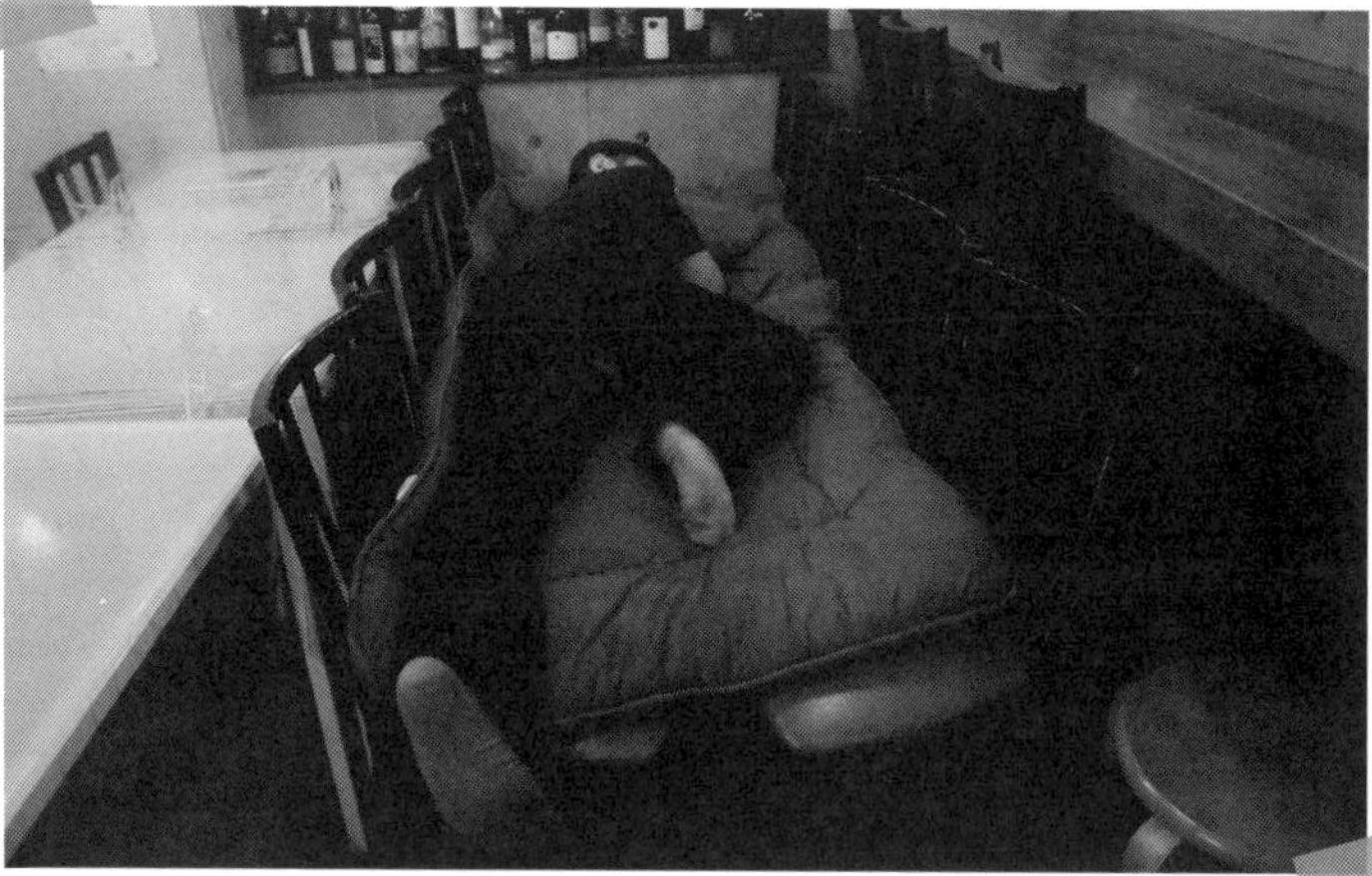
店の椅子を並べたベッドで仮眠を取るシェフ

けや仕込みを終えて深夜になると、シェフは店の椅子を並べ、レジ脇の棚から布団を取り出して、簡易ベッドを作る。だがそんなところでぐっすり眠れるはずもない。店は大きな幹線道路に面していて、一晩中車の走る音も聞こえる。
「家に帰った方がゆっくり眠れるんじゃないですか？」と言っても、「1時間かけて家に帰って、また翌朝起きて店に出てくるのにかかる時間を考えると、ここに泊まった方が睡眠時間は長くなるんです」と返ってくる。
バイトを始めてひと月ほど経ったある日、夕方に出勤すると、いつも灯りがついているはずの店が真っ暗だった。ドアを開けても静まり返っている。
「あれ？　誰もいないんですか？」

そう奥に声をかけると、店の隅のテーブルで突っ伏して寝ていたシェフが疲れ切った顔で起きてきた。トレードマークのハンチング帽は脱げて、ボサボサの髪でふらついている。

「昨日は一晩中、物音がして眠れなかったんです。ランチも忙しかったし、もう立っていられない……」

この時は隅のテーブルの前のカーテンだけ閉めて、お客さんが入ってくるまで仮眠してもらった。

ここまで疲れ切っていたのは珍しいことだが、慢性的な過労でシェフはよく体調を崩している。

医療記者の私は、新型コロナの流行が始まってから、熱やだるさ、咳などの症状があったら仕事を休むのは、常識になったと思っていた。

しかし、そんな症状があってもシェフは仕事を休まない。というか休めない。

ある時など「昨日は39度、熱があったんですよ」と時折、軽く咳き込みながら開店前に何度も体温計で熱を測っていた。体がだるいらしい。「コロナかもしれないから休んでください」と言っても、「もう今は36度6分になったから」などと言いながら、険しい顔で黙々と開店準備を続けている。

シェフが休めば、必然的に店は閉めざるを得ない。そうなれば当然、1日分の売り上げは消える。テナントの家賃は毎月同じだけかかるから、店の経営はさらに苦しくなる。

そんなシェフは過去に一度新型コロナウイルスに感染している。客商売で積極的にお客さんとコミュニケーションも取る人だから、当たり前と言えば当たり前だろう。さすがにその時は店の営業をしばらく休んだが、その月の売り上げはかなり厳しい状況になったそうだ。

そんな事情がわかるため、私も強く休むようには言えない。「せめて熱が上がったら、休んでくださいよ……」としか声をかけられない。

シェフはこれまでコロナワクチンを3回うっているが、オミクロン対応の二価ワクチンはまだうっていない。これまで接種後に腕の痛みや高熱などの副反応が出たため、仕事への影響を恐れているのだ。それを聞いた時も私は強く接種を勧めることができなかった。

誤解を与えないように強調したいが、うちの店は感染対策をおろそかにしているわけではない。店には二酸化炭素モニターが置いてあるし、アルコール消毒や換気もそれなりに徹底している。それでもこんな実情があるのだ。

医療記者としての私はコロナ禍が始まって以来、常に、大人数での飲食や宴会は控えるように呼びかける記事を書いてきた。第8波の最中の2022年12月半ばに本業の会社で忘年会をすると聞いた時は、反対に回ったほどだ。

だから、初めてバイト先の店で20人規模の宴会を経験した時は、正直「感染が怖い」という気持ちの方が強かった。でもバイト不足の店で「宴会は接客したくない」なんて言える選択肢はない。せめて換気は頻繁にしようと思っていたのに、いざ宴会が始まると忙し過ぎてそんなことをする余裕はなかった。

けれど、シェフが命を削るように働く姿を見続けていると、宴会に対する気持ちが変わってきたのに気づく。まとまった売り上げがある大人数の宴会が入ったと聞くと、素直に嬉しくなるのだ。

飲み放題込みで一人6000円。それが10人になれば6万円、20人になれば12万円。普段の店のディナーの売り上げと同等か、それを大幅に上回る額を2時間で稼げることになる。

もちろん宴会の時はシェフもホールのスタッフもてんてこ舞いなのだが、やはりお客さんがたくさん入って活気のある店はやりがいもあって、みんな自然とハイテンションになる。

コロナ第7波が落ち着いた10月頃から、うちの店も徐々に客足が戻ってきた。お客さんが入れば入るほど、話に花を咲かせワインや食事が進めば進むほど、店のスタッフとしてはシェフの頑張りが報われているようで嬉しくなる。しかし、それはコロナ対策の視点で見ると、感染リスクの高い行為だ。

医療記者としての自分とは別人格が働いているような気持ちにさえなった。

2022年から23年の年末年始はコロナの流行が始まって以来、初めての行動制限のない冬だった。医療記者としての私は相変わらず感染対策について書きながら、バイト先で普段感じていることを思い、筆が迷っているのを感じている。

もちろん流行初期から、感染を広げる場所として名指しされ、制限を加えられてきた「夜の街」や「芸術・文化」の側の苦悩も取材してきた。

水商売協会が感染対策のガイドラインを自主的に作って営業を続けようとしている努力や、新宿・歌舞伎町のキャバクラで働くキャストの女性やお客さんの思い、「感染拡大を防ぐ」という至上命題の前で大事にしてきた価値観や生活が奪われるという医療人類学者の指摘、活動の場を失った音楽家と感染症の専門家の対談などなどだ。

そのどれもが切実な声だったが、むしろコロナ禍で取材が忙しくなり、サラリーマンとして安定した収入を得ている自分にとっては、どこか「他人ごと」だった感は否めない。

これらの記事を書いた次の日には、感染拡大を抑えるために大勢での飲食などリスクの高い行動は控えるように呼びかける記事を予防意識全開で書いていた。

飲食店で現役の料理人として働く母が、営業自粛で長く仕事に出られず生きがいをなくして落ち込んでいた時もそうだ。ワクチンがまだなかったこともあり、どちらかといえば70歳を過ぎた母が外に出て行かずに済むことに、ホッとしたぐらいだったのだ。

もちろん自分の行きつけの居酒屋が緊急事態宣言下で営業自粛となったり、時短営業になったりした時は辛く、せっせとテイクアウトを買いに行ったり、仕事を早く切り上げて飲みに通ったりした。それでもその制限は「きちんと補償が支払われる一時的な措置で、流行拡大や医療逼迫《ひっぱく》を防ぐためには仕方ない」と考えていたし、その考えは今でも変わらない。


第8波が猛威を振るっていた時で、医療は逼迫して、コロナ感染拡大による死者数はかつてない規模に増えていた。すっかり元の生活に戻った街とは違い、コロナ対応の最前線に立つ医療者は厳しい行動制限を続け、医療者と一般の人の気持ちや行動のギャップに諦めのような気持ちさえ抱いていた。

最前線でコロナ対応に当たる救急医二人を２０２２年の冬取材した。スタッフが感染や濃厚接触によって次々に離脱し、人手が足りずに苦しみながら、二人とも世間の緩和状況については受け入れていたのも印象深かった。

この3年間、感染対策が最優先されて、きっとどの飲食店もうちの店のシェフと同様、ギリギリで暮らしてきたのだろう。ギリギリさえ保てず、私の周りでも閉店した店がいくつもある。そんな苦境を経てきた飲食店も、2022年末から23年にかけての冬は客足が少し戻って息をついている様子がうかがえた。

医療が逼迫し救える命も救えずに苦しむ医療者、コロナによる長引くダメージで疲弊してきた飲食店。

どちらの姿も見ながら、私はこれからどんな記事を書けばいいのだろう。飲食業界の中に足を踏み入れ、ここが自分の生きる場所の一部となり、私はこれまで制限され苦しんできた人の痛みが少しだけ「自分ごと」になったのを感じる。

これから緩和と感染対策との難しいバランスを考えながら、ますます記事の歯切れは悪くなるだろう。医療記者としての私は、簡単には記事が書けなくなったことを喜ぶべきなのかもしれない。

Chapter

4

最後のディナーで
謎のお客さんが
教えてくれたこと

新型コロナ対策が緩和され、海外との行き来も戻りつつある中、うちの店にも、しょっちゅう外国人のお客さんが訪れる。

お客さんとのコミュニケーションを大事にしている店なので、「もっと語学をしっかりやっておけば良かった……」と毎回、痛感する。

それでも「相手を知りたい」「相手に伝えたい」という気持ちさえあれば、意外となんとかなるものなのかもしれない。

店に来るお客さんは、特定の国籍や地域の人が多いわけではない。中国、アメリカ、韓国、フランス、スペイン、台湾などなど、バリエーションに富んでいる。

接客担当の私は、お客さんの注文を聞き取らなくてはならないわけだが、どうしているのか。

たいていはグループの中の一人が、日本語が堪能、もしくは英語ができる。グランドメニューは写真付きなので、指で欲しいものを指す、という手もある。おかげでなんとか注文ぐらいは取ることができている。

困るのは、こちらがチラッと英語を使うと、「お、この人は英語が使えるらしい」と勘違いされ、細かい質問が飛び出すことだ。

恥ずかしながら、中学から大学まで何年間も英語を学んできたくせに、英会話の実力は中学生レベルの私。

「おすすめのメニューはどれですか?」と言われたことはわかるが、それに対して、こちらが勧めたい「低温調理のレバー」や「レンコンのスパイス煮込み」をどう言えばいいのか。なかなか出てこない。

というわけで、うちのシェフが得意なカルボナーラや、ボロネーゼなどを勧めてしまうことが多くなる。そのまま言えば通じるからだ。

本当はメニューのやり取りだけでなく、相手がどこから来たのか、なぜ数ある中からこの店を見つけてくれたのか、身につけている個性的なアクセサリーについても聞いてみたいし、相手が普段何をやっているかも聞いてみたい。でも、それを聞く道具(語学)がない。

外国人のお客さんが来る度に、日本人のお客さんでは発動される図々しさがどこかに行ってしまい、「あぁ、もっと勉強しておけばよかったなあ」と常に後悔してしまうのだ。

しばらく前に、スペイン人なのかラテンアメリカ系の人なのかはわからないが、スペイン語を話すカップルが訪れた。

実は私、大学時代の第二外国語選択はスペイン語。サッカーチームのFCバルセロナが好きで、現地に2回ほど試合を観に行った時は、バルで酒と肴の注文だけはスペイン語で言えるように練習していた。あの時に覚えた表現を使うチャンスだ。

しかし、「こちらがcerveza（ビール）で、こちらがvino blanco（白ワイン）、こちらがvino tinto（赤ワイン）です」と、メニューを指しながら片言のスペイン語で伝えてもさっぱり通じない。

それどころか、私がドリンクメニューを説明しているのを見て、「飲み物は要りません」と英語で返されてしまった。結局、英語でパスタを何種類か勧めたが、二人は私が勧めたのとは違うパスタ2品を注文し、スペイン語で談笑しながら食べていた。完全敗北である。

悔しい。こうなったら意地でもスペイン語を使いたい。会計する時に思い切って「Gracias!（ありがとう）」と言ってみた。

すると、女性の顔が輝き、「Gracias!」と返ってきた。

ドアを開けて外にお見送りする時も「Adiós!（さようなら）」と言ってみた。挨拶、最強。二人とも「Adiós!」と笑顔で返してくれた。

この経験から、せめて店に来てくれそうな国の人の挨拶ぐらいは言えるようにしようと心に決めた。英語でも最低限の接客ができるよう、「飲食店の接客英語」のテキストも買って勉強を始めた。

自分も海外旅行をした時に、片言の日本語で「アリガトウ」「サヨナラ」「コンニチハ」だけでも言われると嬉しいものだ。接客係として、せめて相手の国の言葉での挨拶で「あなたがここを選んで来てくれて私は嬉しいですよ」という気持ちを伝えたい。英語でも、もう少し詳しく看板メニューを説明したい。

語学コンプレックスのある自分が踏み出した小さな一歩ではあったが、これはまだマニュアル的でお手軽な対処法だった。

その後、私は「大事なのは結局、語学ではないのだ」ということに気づくことになる。

私と同様、シェフも大学まで卒業したものの語学は堪能ではない。それでも常連さんから「雑談の鬼」と呼ばれるだけあって、相手が外国人であっても果敢にコミュニケーションを取りに行く。

先日、カリフォルニアから来たというアメリカ人の中年男女3人組が来店した時は、長々と笑顔でおしゃべりし、お客さんもシェフもやけに盛り上がっていた。

後でシェフに「英語、話せるんですか?」と聞くと、「義務教育で習った程度しかしゃべれないよ」と言う。

「でもうちの店に来てくれたからには、しゃべれなくてもしゃべりにいきますよ。あのお客さんたちは、僕に向かって親指を立てるジェスチャーで『美味しいよ』と伝えようとしてくれた。そりゃしゃべりに行かないとダメでしょう」

会話に飛び込んでみると、幸い、3人のうちの一人の女性が日本語を話せたらしい。

3人のうちの一人の男性は、普段からなんでも粗探しをする人で、店に入った時は「日本のパスタなんて美味しくないだろう」とブツブツ文句を言っていたそうだ。

「そんな人が、あなたのパスタはとても美味しいと喜んでいるんですよ」と女性が伝えてくれたのだという。男女3人と英語と日本語ちゃんぽんで大盛り上がりしているシェフの姿は、いつもの日本語を話すお客さんへの接客の態度とまるで変わらなかった。

数ある店の中から偶然この店を選んで来てくれたあなたと知り合いたい、一緒に楽しい時間を過ごしたい。そんな真っ直ぐな気持ちさえあれば、語学の壁は超えることができるのかもしれない。そう気づかされた。

そんな意味で、私が初めて人間的なやり取りができた、忘れられない海外からのお客さんがいる。

２０２２年11月に何度も一人で来店してくれた30歳前後の男性だ。東アジア系なのかしらと思う顔立ちで、眼鏡をかけた真面目そうな顔に、なぜかいつもＮ９５のような性能の高そうなゴツいマスクをぴっちり着けている。

紙に印刷した日本語の「本日のメニュー」をスマホで撮影して文字を読み込み、翻訳アプリで英語に変換してメニューを選んでいるようだ。

それでも毎回、英語で「今日のお勧めはなんですか?」と聞いてくる。カルボナーラのトリュフがけ、ポルチーニのリゾットなどを勧めると、高いメニューであっても、そのまま注文してくれる。

しかも、毎回必ず一人で前菜1品、パスタ2品、オレンジジュースを頼み、美味しそうにすべて平らげてくれる。

私はこの頃、まだ海外からのお客さんに臆していて、このお客さんについて知りたいのに「美味しいですか?」ぐらいしか聞けなかった。

「とても美味しいです!」と笑顔で返してくれるのがせめてもの救いだったが、今思えば、

「どこからいらしたんですか？」ぐらい、まずは質問してみれば良かったのだ。

そのお客さんの正体は、最後のディナー（結局最後ではなかったのだが）の後で判明した。私が3回目に接客したその日、男性は食べ終わった後もスマホを長々といじっていた。会計の時、いつもと違って男性はスマホの画面を私に向けて差し出した。スマホのアプリの翻訳機能を使って、英語のメッセージを翻訳したらしい。そこには日本語でこう書かれていた。

「明日、アメリカのテキサスに帰るので、ここに来るのはこれが最後になります。今まで食べたイタリアンの中で一番美味しかった。どのメニューも美味しかった。イタリアでも何度も食べたことがありますが、本場で食べたイタリアンよりも美味しいです」

え？　アメリカの人だったのか。最後のチャンスだ。拙い英語で、私もこれまで胸に抑えてきた質問を必死に話しかける。以下は私の拙い英語と、相手の英語やスマホの翻訳機能を使っての会話の一部だ。

「どうもありがとうございました。すごく嬉しいです。あなたは研究者なのですか？」

「いや、ライターをしているんです」

なんと！　同業者じゃないか！　途端に気持ちがグッと近づく。

「新聞や雑誌に記事を書いているんですか？」

「以前は新聞社に勤めていたのですが、最近、解雇されました」

「それは残念ですね。今はどんなジャンルの記事を書いているのですか？」

「今はゴーストライターをしていて、別の人の名義で記事を書いています。メディアは苦しい時代です」

「おお、そうですよね。実は私はバズフィードジャパンの記者なんですよ。医療を担当しているんです」


「Oh! So cool!」

いやいや、そんなにかっこいいもんじゃないんだよ。解雇されたあなたはもっと大変だったと思うけど、日本でもアメリカと同様、メディアはみんな苦しい思いをしているんだよ。そう伝えたかったが、英語の表現が浮かばず、咄嗟に私はエプロンに指していたバズフィードジャパンのロゴが入ったボールペンを彼に差し出した。

ペンに託したのは、エールのような、「お互い大変だけどライターとして頑張ろうね」というような、苦しい状況に直面する同業者だから伝えたいそんな気持ち。ニコッと笑って受け取ってくれた。

言葉では伝えられなかったが、記者をしながら飲食店でバイトをしている姿を見て、私の置かれている状況も何か感じ取ってくれたかもしれない。

「どうもありがとう。元気でいてくださいね」

店の外まで見送ると、「こちらこそ良い時間をありがとう。この店のレビューを食べ物の写真付きで載せてもいい？」と聞かれた。どこに載せるかわからないけれど「もちろんですよ」と答えた。

もう二度と会えないかもしれないと思っていたけれど、嬉しい時間だった。いつか彼が書いたうちの店のレビューを読みたいと願った。

このお客さんが思い切って話しかけてくれたおかげで、私は初めて海外のお客さんと「気持ちを分かち合う」経験ができた気がした。自分がやっていた機械的な接客では乗り越えられなかった壁を、お客さんの方が崩してくれたのだ。

相手の国の言葉が話せなくても、今の時代、翻訳アプリだってあるのだ。「あなたに伝えたい。知ってほしい」という気持ちさえあれば、便利な道具やジェスチャーを総動員して、心に触れることだってできる。そんなことを教えてもらった。

次に海外からのお客さんが来て、もしお話ができそうなら、もっと積極的に話しかけてみよう。恥ずかしがらずに、片言の言葉でもあなたのことを知りたいという気持ちをぶつけてみよう。

スマホに翻訳アプリもダウンロードした。

一期一会の飲食店での接客は、自分が意図しては知り合えない他者と、一瞬であっても人間的な関わりができるチャンスでもある。ただ機械的に注文を取って料理を運ぶだけではなく、そんな風に誰かと心を通い合わせることができたなら、時給で働く私の仕事の時間は、人に売った人の時間ではなく、自分で創る自分の時間となる。受け取る給料以上の価値を持つようになるのだ。

考えてみれば、普段の人との偶然の出会いもそんな気持ちで関われば、人生はもっと豊かになるのかもしれない。

＊＊＊

この話には実は後日談がある。この数ヶ月後、シェフが「あの外国人のお客さんがまた店に来てくれたよ」と教えてくれたのだ。あれが最後ではなく、ちょくちょく日本に来ているらしい。彼のことを書いた記事も読んでくれていて、あの時プレゼントしたバズフィードジャパンのボールペンも見せてくれたという。「ああ、会いたかったなあ」と思ったけれど、再び来てくれたと聞いただけでも嬉しかった。

その後、4月の初め、アメリカから来た二人の女性のお客さんがスマホの画面を私に見せてくれた。彼の記事だ。

「おお！　これ私が書いたんですよ」と言うと、「はい！　そうじゃないかと思いました。私たちはここに出てくるザックの友人で、彼からとても美味しいパスタを出すお店だと教えてもらったんです」と言う。

あぁ、あの人はザックさんと言うのか。二人とも明太子クリームスパゲッティを頼み、「これまで食べたパスタの中で一番美味しかった！　私の人生を変えました！」と激賞してくれた。

私は記念にまた二人にペンをあげて、彼女たちは私にピアスをくれた。一緒に記念写真も撮った。シェフは「この店も国際的に有名になってきたなあ」とニコニコしている。二人は、ザックさんが夏にまた日本に来てこの店に寄ってくれると教えてくれた。

再会を楽しみにしていたら、なんと今度はその月の半ば、ザックさん本人が現れた。前と同じようにゴツいマスクをつけていて、私に向かって手を振りながらニコニコ笑いかけてきたのですぐにわかった。

姉（左から2番目）や友人（左）と一緒に何度も訪れてくれたザックさん（右から2番目）とシェフ

「おお！　ザックさんでしょう？　また会えて嬉しいです」と片言の英語で歓声をあげ、再会を喜びあった。ザックさんは「あなたの記事を読みましたよ。涙が出ました。でも30歳ぐらいって書いてあったのを見て友人と笑いましたよ」と言う。本当は26歳なのだという。

私も「うちの店のレビューを書くとおっしゃってましたよね。見せてくださいよ」と言うと、ザックさんは英語で書いたレビューを見せてくれた。

「人生で食べたイタリアンの中で最高のものの一つ。食材の質も、フレンドリーで技術の高いシェフもとても素晴らしい。英語しか話せない旅行者の僕に辛抱強く対応してくれた接客係にも感謝。どの料理も皿の底のソースまですくい取ってしまうほど美味しいけれど、中でも僕のお気に入りは明太子クリームスパゲッティとカルボナーラだ。ミシュランガイドに掲載された店が多いこの地域だけれど、結局、僕は何度も何度もこの店に帰ってきてしまうだろう」

なんとも嬉しい褒め言葉だ。シェフに伝えると「嬉しいね。これを見て外国人のお客さんが来てくれているのかな」と喜んだ。

ザックさんはこの日も前菜3種類ほどとパスタを頼み、すべて美味しそうに平らげてくれた。この日は満席でそれほどたくさん話せなかったが、自身が住んでいるテキサスのロゴの入ったステッカーをくれて「今度は6月に姉を連れてきます。また会いましょう」と約束してくれた。その後、6月後半にザックさんはお姉さんと友達と共に訪れてくれた。短い滞在期間になんと3回も食べに来てくれた。とうとう、うちの店も海外の常連さんができたのだ。

ザックさんとの一件以来、私は外国人のお客さんとの会話に臆さなくなった。「アルデンテ、アルデンテ」と何度も言いながら全員うちの店の名物のカルボナーラを平らげたイタリア・ローマからの12人の中年男女ご一行、ナシレマやラクサなど自分の国の名物料理を写真を見せながら教えてくれたマレーシア人のお客さん、蔡英文総統の話で盛り上がった台湾から来たお客さん――。

片言の英語や身ぶり手ぶりで会話し、時には爆笑し、時には一緒に記念写真を撮りながら忘れられない時間を過ごしている。

コミュニケーションに大事なのは語学ではない。相手を知りたい、相手を喜ばせたいという本気の気持ちだ。Pasta e Vino Kei は世界中の皆さんを歓迎いたします！　日本に来たらぜひ寄って下さい。

A：ボールにあらかじめ用意して、かき混ぜておくもの

- ○ 卵黄……3個分
- ○ パルメザンチーズ……20g
  （ベーコンの塩味に合わせて量を調節）
- ○ 生クリーム……20cc
- ○ 黒胡椒……適量
- ○ サマートリュフ……5g

［仕上げ］

- ○ 生粒黒胡椒……2.5g
- ○ 白トリュフオイル……2.5g

  （サマートリュフは香りが弱いため補強の意味で）
- ○ 黒胡椒……適量

作り方

下ごしらえ：Aをすべてボールであらかじめかき混ぜておく。

1 スパゲッティを1.3％の塩湯で、茹で始める。

2 フライパンに自家製ベーコンを入れ、サラダ油をちょろっと垂らして香ばしく炒める。

3 香ばしく炒め上げたら、フライパンに白ワインを振り入れ、完全に煮詰める。

4 **3**に鶏のブイヨンを注ぐ。ここまで終えたらいったんフライパンを火から下ろしておく。

5 スパゲッティが茹で上がったら**4**のフライパンに入れ、Aも入れ、弱火にかけながら絶えずかき混ぜる。トロリといい感じになるまで火を入れて、味を見ていい感じなら完成。350度のオーブンで10秒熱々に温めた黒い皿に盛り付け（黒い皿の方がかっこいい）、黒胡椒とサマートリュフをお好みの量削ってかけ、生粒黒胡椒と白トリュフオイルを垂らして完成。

recipe

自家製ベーコンの
スパゲッティカルボナーラ
サマートリュフがけ
生粒黒胡椒（カンポットペッパー）のせ

材料（1人前）

- ○ スパゲッティ（1.8㎜）……120g
- ○ 塩……適量
- ○ 自家製ベーコン……30g～
- ○ サラダ油……適量
- ○ 黒胡椒……適量
- ○ 白ワイン……50cc
- ○ 鶏のブイヨン……70cc

Chapter

5

キノコ採りの名人、伊藤さんのこと

2022年8月から バイトを始め、間もなく秋になった。キノコの季節である。うちの店でもヨーロッパからの輸入もののポルチーニなどを使っていたが、「本当は国産のキノコを使いたいんだよな」とシェフがつぶやいたことがあった。

そこで思い出したのが、もう20年以上の付き合いになるキノコ採りの名人、伊藤直人さんのことだ。「私の知り合いの伊藤さんが採るキノコは美味しいんですよ」と話すと、シェフは「値段にもよるけれど、仕入れられないかなあ」と言う。

早速、連絡を取った。

伊藤さんは、私が新聞社で働いていた頃から親しく付き合ってくれている人だ。私が20代の終わり頃、取材チームでトヨタ自動車の連載をして書籍にまとめた時に、歴代経営陣の秘書として仕えたこともある幹部として取材に全面的に協力してくれた。

その後、伊藤さんが都内の関連会社に出向してからも、私が新聞社を退職してからも親しくお付き合いいただいている。伊藤さんも私も日本酒好きな呑兵衛であることから、時折、美味しい店に連れていってもらったり、私が行きつけの店にお連れしたりもしていた。

何より、大企業の経営に関わりながら、人間関係を大事にし、職業人として、人として志すべきことを真っ直ぐに語るその人柄が好きなのだ。トヨタ自動車の広報・渉外担当幹部だった時も、会社組織や役員のことをただ持ち上げるわけではなかった。地球環境や世界経済に責任ある大企業としてどうあるべきかを常に頭に置きながら、時には批判的に自社や役員について言及する。秘書を務めていた歴代役員についても、驚くほど冷静に評価すべきところは評価し、間違っていると思うところは疑問を指摘していた。忖度やゴマスリなどは絶対にできない人だから、キャリアの途中で関連会社に出向することになったのかもしれない。

仕事以外でもアリストテレスの思想を学ぶ研究会や日本酒を楽しむ会、ドイツ生まれの山の中での健康ウォーキング「クアオルト」を普及する組織など様々な集まりを率い、懇親会の席でもなあなあの議論はしない。喧嘩になりそうなぐらい真剣な問いを投げかけられ、こちらもいつも真剣勝負で「働くとは？・」「生きるとは？」という根本的な問いを考えさせられてしまうような人だ。

と言ってもお堅い人ではなく、お茶目なところもある人なのだ。下品にならない程度の下ネタも含めて砕けた話題も幅広く、一緒に呑んでいると笑いが絶えない。

しょっちゅう会うわけではないのだが、20歳も年下の私を「俺の妹分」と呼んで、何くれとなく気にかけてくれていた。私も取材先という距離感を超えた親しみをもって、伊藤さんの優しさに甘えてきたかもしれない。

その伊藤さんは、埼玉県の自宅と長野県諏訪市のマンションで二重生活をしており、秋には諏訪の山でキノコ採りをしている。伊藤さん自身もかつて「キノコ採りの名人」の指導を受けて、安全にキノコを採取できるようになり、今では若手を指導するほどになっている。

私にも時折、日本語で「ヤマドリタケモドキ」と言われるポルチーニや高級キノコの「香《コウ》茸《タケ》」を干したものなどを送ってくれる。おかげで私は東京にいながら山の秋の味覚を堪能することができているのだ。

シェフとキノコの話をしていた時、伊藤さんのFacebookに最近、山で採れたキノコの写真が次々にアップされていたのを思い出した。

伊藤さんへの気やすさから、すぐに「もし可能だったら、私がバイトしているお店で伊藤さんが採ったキノコを仕入れられませんか?」とメッセンジャーで尋ねてみた。

すぐに返事があった。

「どんなきのこを、どういう状態で欲しいのか。生のものか干したものか。この頃は諏訪のフレンチにポルチーニ系とチチタケ、湯島の割烹にはチチタケを送っています。これからの季節はハナイグチやウラベニホテイシメジ、サクラシメジなどが採れるようになります」

シェフに尋ねて、生のポルチーニ系が欲しいと伝えると、「もうポルチーニ系は終わったかもしれない」と返信があり、なんとその日のうちに山に入ってあれこれ採ってきてくれた。

しかもその日採れたアカヤマドリ、アメリカウラベニイロガワリ、サクラシメジ、チチタケを既に発送してくれて、翌日にはお店に着くらしい。

支払額を聞いても、「自分は、販売はしていないから、まとまったものが採れたら無料で送る」と言う。その心の広さにありがたいやら、恐縮するやらだった。

翌日、「キノコが届いたよ」とシェフから連絡があり、私は早速、店に食べにいった。

まさに採れたて、という感じの泥のついたキノコがパックに入っていた。シェフは「どう調理するのがいいのかなぁ」と言いながら布巾でふいて、ひと口大にカットする。結局、オリーブオイルでシンプルにソテーした。

二人で白ワイン片手に食べてみると、シャクシャクとした歯応えと共に濃い香りが口の中に立つ。なんて美味しいのだろう。

サクラシメジはリゾットにしてくれた。キノコの風味とチーズの旨みが相まって、至福の味わいだ。

すぐさま伊藤さんに写真を送って、「めちゃくちゃ美味しいです！」とメッセージを送ると、「それだけ喜んでくれると、これからも送らざるを得ないな」と返ってきた。

シェフはFacebookで伊藤さんとつながり、その後も郵送料のみ着払いで伊藤さんからキノコを何度か送ってもらった。

店のメニューにも「キノコ採りの名人『伊藤さん』が採ったいろいろなキノコのスパゲッティ」や「キノコ採りの名人『伊藤さん』が諏訪で採った色々なキノコのリゾット」が並ぶようになった。お客さんも喜んでくれて、秋の看板メニューの一つになった。

自分が訪れたこともないお店のために、見返りも求めず尽くしてくれるなんて、どこま

オリーブオイルでシンプルにソテーした伊藤さんのキノコ

で懐の深い人なのだろう。
その伊藤さんから「10月の初めに、キノコ採りの弟子を連れて食べにいきたい」と言われた時、シェフも私もそれはそれは喜んだ。やっと少しでも恩返しできる番が来たのだ！
シェフも「伊藤さんは何を呑むかなあ」と出すお酒も考えているらしく、一緒に飲んで語らうのを楽しみにしていた。

だから9月の終わり、シェフからLINEで「伊藤さんが来る日に、知り合いが午後7時から10人以上の貸切をしたいと言っているので、伊藤さんの予約を夕方早めかランチに前倒しできないだろうか？」と相談があった時、とても悩むことになった。
シェフは先に予約が入っていた伊藤さんを

優先して一度断ったそうだが、店はコロナ第7波の余波で閑古鳥が鳴いていた時期だ。日頃からよくしてくれる常連さんの紹介でもあり、まとまった売り上げが見込める宴会を受けられるものなら受けたい。そんな気持ちが伝わってきた。

宴会があっても二人ぐらい店にいてもいいのではないかと思ったが、舞台の打ち上げで著名な芸能人も来るので、どうしても貸切にしたいと先方が言っているのだという。

伊藤さんに連絡を取ると、午後5時半なら来店を早められると言ってくれたが、1時間半で飲んで食べてはせわしない。それを伝えると、シェフから電話があった。

「お酒が好きな人ならあまりにも短過ぎる。別の日にしてもらうのは申し訳なさ過ぎるし。どうにかならないかなあ。つらいなあ」

1時間半、店で食べてもらった後に、私が近所の別の店にお連れしてごちそうすることも考えて、伊藤さんと直接電話でお話しした。

伊藤さんは気分を害した様子も見せず、「そんな事情なら仕方ないよ。自分でもそんな状況だったら宴会の方を取るもの。また今度にしますよ」と私の気持ちが軽くなるような言い方でキャンセルしてくれた。

いつも良くしてくれている伊藤さんに恩返しするどころか、失礼なことをしてしまった。申し訳ない気持ちでいっぱいだった。

シェフは、普段ならこんな時、おそらく伊藤さんの方を優先する人なのだ。しかしこの頃はコロナ禍で売り上げが激減していた時。苦渋の選択で宴会を取らざるを得なかった。苦しくはあってもカッコつけて、伊藤さんの予約を優先して、私やシェフも混じってキノコ採りの話を聞きながらワイワイ飲めていたら、と想像もした。でも、オーナーシェフは、家族や従業員の生活も背負って店を経営している。カッコつけられない、現実的な選択をせざるを得ない責任の重さも理解できた。

その後、伊藤さんからキノコは届かなくなった。

シーズンが終わりに近づいたこともあるのかもしれないが、きっとそれまでのように気持ちよく送ってくれることはできなくなったのだろう。伊藤さんが見せてくれた真心に自分たちが応えられなかったことに胸が痛んだ。

私は近所の酒屋さんで、キノコに合うお酒2本を選び、謝罪や今まで送ってくれたキノコのお礼を書いた手紙と共に伊藤さんに送った。

伊藤さんは、お酒が届いたお礼のメッセージをくれて、「少し干しキノコを送ります」と私にキノコの贈り物までしてくれた。さらに佐久市のキノコのフィールドを開拓しに行くからといって、「良かったら佐久まで日帰りで飲みに来ませんか」と誘ってもくれた。

きっと私が申し訳なく思っている心を軽くしてくれようという配慮からだったのだろう。佐久行きは都合がつかなかったが、とても心に沁みた。

すぐに贈ってくれた干したポルチーニをクリームパスタにして食べると、生のものより香りが濃厚で美味しい。

「濃厚な香りと風味、最高です！　実は明日が誕生日なのですが、最高のプレゼントでした。ありがとうございました」と写真と共にお礼を送ると、「それは良かったです。実は今、山から降りたところです」とかごいっぱいのキノコの写真を送ってくれた。

「どうかこの件に懲りず、ぜひ一度お店に食べに来てほしい。今度こそ全力で歓迎します」と伊藤さんに伝えているが、この時点でまだ来店は実現していなかった。

そんな伊藤さんが2023年に入って、「3月になったら呑もう」と声をかけてくれた。店に来てくれるだろうか。それとも他の店だろうか。

店に来てくれたら、料理好きでグルメな伊藤さんに店のあの看板メニューも、このパスタも食べさせたい。美味しいあの白ワインを奮発してごちそうしよう。何より、何となく心持ちが似ているシェフと伊藤さんを引き合わせたい。

春になったら、「あの時はすみませんでした」と伝えながら、伊藤さんとシェフと私でワ

キノコの塾生たちと店に食べに来てくれた伊藤さん（左から2番目）と筆者（後列左）

イングラス片手にキノコ談義をすることを夢見ていた。

＊＊＊

後日談だが伊藤さんはその後、3月に本当に店に来てくれた。しかも「キノコの塾生」というキノコ採りの教え子7人を引き連れてだ。きっと店の売り上げを考えてくれたのだろう。

「あの時は申し訳ありませんでした」とシェフも私も恐縮して出迎えたが、伊藤さんは「いやいやそんな……」とニコニコ笑って席についてくれた。私は自分のお気に入りのワインをごちそうし、シェフは、伊藤さんが事前に送ってくれていた乾燥キノコを早くから仕込んでリゾットなどを作った。伊藤さんの友人が送ってくれた白魚を使って即席で作ったピザも、大好評だった。

伊藤さんは「美味しかったよ。また来るからね」と言ってくれた。仲間との懇親会だったのであまり私やシェフは話せなかったが、何より私は、伊藤さんがうちの店で、笑顔で食べている姿を見ているだけで胸がいっぱいだった。

その後も伊藤さんは奥さんと尋ねてくれて、日本酒も差し入れてくれた。日本酒の会もうちの店で開いてくれて、17人の仲間を連れてきてくれた。5月に私が不本意な異動命令を受け、医療記事が書けなくなったと落ち込んでいる時には、上諏訪の自宅に招いてくれて山菜尽くしの手料理を振る舞ってくれた。深夜まで一緒に呑みながら、自身が同じ歳の頃経験した悩みを話してくれて、「今は不運だと思っているかもしれないけれど、それが自分の背中を押してくれるかもしれないよ」「どんな道を歩んでもいつも応援しているよ」と励ましてくれた。

きっと、次のシーズンにはまた、伊藤さんはうちの店にキノコを送ってくれるだろう。シェフは伊藤さんのキノコを使った料理を作り、お客さんは喜んでくれるだろう。そんな大好きな人とのつながりから生まれたメニューが、私の愛する店の名物の一つになっていくことがたまらなく嬉しいのである。

recipe

ポルチーニのリゾット

材料（1人前）

○ 新潟県魚沼産コシヒカリ……100g
○ サラダ油……適量
○ 自家製ベーコン……20～30g
○ 乾燥ポルチーニ（お湯で戻したもの）……適量
○ ポルチーニパウダー……5g
○ コニャック……30cc
○ 鶏のブイヨン……300cc～
○ パルミジャーノレッジャーノ（36ヶ月熟成）……30g
○ バター……10g
○ 黒胡椒……適量

作り方

下ごしらえ：パルミジャーノレッジャーノはすりおろしておく。

1 コシヒカリをパスタ湯で6分茹でる。
2 フライパンにサラダ油を敷き自家製ベーコンを炒める。
3 お湯で戻した乾燥ポルチーニとポルチーニパウダーを入れる。
4 コニャックを入れてフランベする（火を入れてアルコールを飛ばす）。
5 鶏のブイヨンを入れて強火で沸騰させたら、**1**を投入。ポルチーニを戻した戻し汁も入れる。
6 ふつふつと絶えず軽く沸かした状態で、ゴムベラでかき混ぜながら火を入れる。
7 米が好みの硬さになったら火を止めて、あらかじめすりおろしておいたパルミジャーノレッジャーノとバターを入れ、混ぜる。味を見ていい感じだったら黒胡椒をかけて完成。足りなければ調整。匙加減がわからなかったら、うちの店に一度食べに来てください!

Chapter

6

「思い切って跳んでみると楽しいよ」

うちの店のディナーの時間は、シェフ一人、ホール一人の体制なので、普段、他のバイト仲間と顔を合わせることはない。

だが、宴会で複数のホール担当が必要な時や、客として店に食べに行く時、バイト同士で会話して仲良くなるものだ。

私とほぼ同時期に働き始めた大学生、コイズミ君ともそうやって親しくなった。

本業でもそうだが、年齢を重ねていつのまにか頭が硬くなっている私は、自分の子供であってもおかしくない年齢の若者から教えられることも多い。

コイズミ君との最初の顔合わせは、私がホールに入っていた2022年8月下旬の暇な夜のことだった。シェフが「今日はこれからコイズミの歓迎会をやるぞ」と言い出して実現したのだ。店に新しく入ったばかりの大学4年生で、就職も決まり、必要な単位も揃ったので、卒業まで働くのだという。「はい!」「はい!」という返事も気持ちの良い、身長

184センチの爽やかなイケメン男子だ。

この日は気前のいい常連のサタデー野中さんがいて、私の時と同様、常連さんを巻き込んでバイトスタッフの歓迎会を開こうという作戦だ。

コイズミ君は一足先に社会人になった年上の綺麗な彼女、ハルちゃんを連れてきた。シェフは、私が新潟旅行でお土産として買ってきたラディッシュやナスで簡単なおつまみを作り始めた。

確かこの時だったと思うのだが、「コイズミ、お前が作るか？」とシェフが無茶ぶりをすると、コイズミ君は「はい！　作ります！」と元気よく答えた。毎日、家でご飯を作っている私もプロのシェフの前で調理をするのは気が引けてしまうのに大したものだ。

「コイズミ君、料理できるの？」と聞くと、「ほとんど作ったことありません！」とまた元気よく答える。大学で野球部に所属しており、なるほど、さすが体育会系だとある意味、感心してしまった。

しかし実際に包丁を持つとそばで見ていて怖くなるような手つき。シェフは苦笑しながら交代し、手際よくささっと豚肉と茄子の炒め物やラディッシュのマリネを作ってくれた。

そんな素直なコイズミ君はあっという間にお店に馴染み、仕事にもぐんぐん慣れて平日ランチとディナーもこなすホールの主力選手となった。ハルちゃんもよくお店に食べに来てくれて、今ではカップルで店のファミリーの一員となっている。

シェフもコイズミ君がお気に入りで、一緒にバッティングセンターに行ったり、飲みに行ったりと可愛くて仕方ないようだ。

そんなコイズミ君と一緒に、宴会の接客に入ったある日のことだ。実はうちの店にはある「儀式」がある。

忙しくなってくると、シェフはパスタを盛るトングや、パスタを茹でる時のタイマーのプッシュ音で、スーパーマリオブラザーズのBGMの出だしの「チャチャチャッ、チャチャッチャ！」というリズムを刻む。

そこでスタッフがみんなで一斉にジャンプする、という、なんとも子供っぽい遊びなのだが、私がいつも跳ばないので、シェフは「なんで跳ばないんだよ！」とよく文句を言っていた。

「なんで忙しくなるほど、これをやるんですか？」と聞くと、「忙しくなってくると楽しいじゃん」と言う。経営者としてはお客さんがいっぱいで活気がある店は自然とテンションが上がるのだ。

ホールで接客の仕事をするコイズミ君

その日も宴会のドリンク出しで忙しさが最高潮になっていた時に、シェフがあのリズムを刻み、コイズミ君が笑ってジャンプした。

それを見て笑う私に、シェフはまた「なんで跳ばないんだよ」と言う。「大人ですから」と答えると、コイズミ君がニコニコしながらこう言った。

「でも岩永さん、思い切って一緒に跳んでみると楽しいですよ」

なんでだろう。それまで頑なに跳べ跳べと言われるのを受け流してきた私が、なんとなくその言葉に素直に「そうなの？」と答えてしまった。「そうだよ。一緒に跳ぶと楽しいんだよ」とシェフも言う。

すかさずシェフがリズムを刻んだので、私も思い切って跳んでみた。着地すると、みんなで目を合わせて爆笑する。なんだ、本当に楽しいじゃないか。

それ以来、私も厨房からあのリズムが聞こえると、体が自然に反応するようになってしまった。その度にシェフと目を合わせて笑う。たわいもないことなのだが、疲れてギスギスしそうな時も、一緒に笑い、一体感を楽しむことで店の雰囲気が良くなるのだ。

若い頃から協調性がなく、チームワークが苦手な私は、これまでこうした体育会系の「チーム意識」や「一体感」のようなものを斜めにみるようなところがあった。だから、ほとんど一人で仕事が完結する記者が性に合っていたのかもしれない。

でも、チームで心を合わせるのもまた別の喜びがある。もしかしたらそれは、大変な時を一緒に乗り切ろうとしている高揚感を共有し、互いに対する信頼感を確認する作業なのかもしれない。きっとシェフはそこまで深くは考えずに楽しんでいるのだと思うが、コイズミ君の「素直力」のおかげで、私は自分の殻を一つ破れた気がした。


若い人の力は本業の方でも感じている。

私は2017年、43歳の時におじさん企業の読売新聞から20代、30代が主力のインターネットメディア「バズフィードジャパン」に転職し、カルチャーショックを受けた。

いわば、「タテ社会の人間関係」から、年齢や年次は関係なくフラットなコミュニケーションを取る文化への大移動だ。

会議でも、Slackなどのコミュニケーションツールでのやり取りでも、若手が臆さず発言し、それが良いものであればどんどん取り入れる。

常に上司や先輩の顔色を窺って行動する「たたずまい」を厳しく指導されてきた読売新聞とはまったく違う。その風通しの良さに最初は驚き、戸惑いもした。

実際、20代、30代の読者が多いバズフィードジャパンでは、デジタルネイティブの若者の意見を取り入れた方が良い結果が生まれることが多い。見出しの付け方や企画のアイディアなど、私の硬い頭では思いつかないものをもたらしてくれて、刺激を受ける。

もちろん、報道や医療取材を長くやってきた経験から、私からも若い人に教えられることはたくさんある。年齢は関係なく、強みを与え合える環境があることは、誰にとってもプラスに働くことを実感してきた。

大学生の時、バズフィードジャパンにインターンシップで入ってきた千葉雄登君は、卒業後、そのまま入社し、医療記事をよく書いてくれた若者だ。

当初は私の医療記者としての人脈を紹介し、医療記事を書く時に気をつけるべきことを指導していた。

でも、そのうち、自分で取材先を開拓し、独自の視点から驚くような記事を書く記者に育っていった。時には私の意見にも食ってかかり、自分の信念を通そうとする姿に頼もしさも感じるようになっていた。コロナ禍の報道でもどれだけ助けられたかわからない。

呑むのが好きな千葉君は「一緒に呑みたいです」とよく自分から声をかけてくれて、私の行きつけの店でサシで呑んではよく語り合ってきた。


働くということは、業務をこなすだけではなく、自分の生きる姿勢や志を世の中に示す側面もある。そんな自分の仕事の奥底にある大事なものを少しでも受け継いでもらえる、分かち合える若者がいることがとても嬉しかった。逆に古いメディアで記者としての訓練を受け、古いマスコミ体質にどっぷり浸かってきた私は、メディア同士の小さな競争意識で感染症の差別を助長するような詳細な個人情報まで書こうとすることなど、オールドメディアの姿勢を批判する千葉君の言葉にハッとさせられるところもあった。

だから、そんな千葉君が2022年に他の医療メディアに転職することを伝えてきた時は、ショックだった。一方で医療記者として取材の幅を広げたいと話す彼が、飛び立っていくのを応援する気持ちも強かった。

今、全国を出張で飛び回り、バズフィードジャパンでは手をつけられなかった分野を取

シェフ（左）、美月さん（真ん中）、千葉君（右）

材している彼の姿を遠くから眩しく見つめている。

そんな彼は2023年2月に、パートナーの美月さんを連れてうちの店に食べにきてくれた。3月に婚姻届を出すため、私に証人になることを頼んでくれたのだ。人生の節目に私も関わらせてもらえて涙が出るほど嬉しい。一度、心の底から真剣に関わったつながりは、距離が離れたからといって途切れるわけではないのだろう。

二人はうちの店を気に入ってくれて、その後もちょこちょこ食べにきてくれる。シェフともすっかり仲良くなり、今ではすっかりうちの常連さんになった。

コイズミ君の話に戻ろう。

彼は2023年3月で大学を卒業して、メーカーの営業職として就職するため、うちの店から離れることになる。きっと新しい職場でもよく働き、活躍する人になると思うが、私は寂しくてつい「入ってみてブラック企業だったら戻ってきてね」とつまらない冗談を言ってしまう。

「こんな良い店だと知っていたら、もっと早くから働きたかった」「就職しても、絶対に客として食べにきますよ」とコイズミ君は言う。ハルちゃんもお店が好きになり過ぎて、近所に引っ越してくることを考えているそうだ。

主力のバイトが辞めることはもちろん業務上も打撃なのだが、それ以上にコイズミ君がいなくなることにシェフは寂しそうだ。

考えてみれば、シェフは店を経営してきたこの10年、ずっとそうやって一緒に働いてきた若者たちを見送ってきたのだろう。

「仕事を教え込んで、心も通わせた若者たちがいつか去っていくのは寂しいことですよね」

と聞いてみると、シェフはこう言った。

「ただただ寂しいけれども、それはどうにもならない。仕方ないことだよ。だけど、いつか辞めてしまうとしても、店にいる間はしっかり鍛えないと、結局店にその結果は返ってくるし、お客さんにも迷惑をかける。そんな中で、コイズミのように一緒に呑みながら語り合って、自分の思いまで共有できる若者がいると自分も嬉しいんだよな」

店を始めて間もない2014年頃に大学生として数ヶ月アルバイトした女性は、結婚したパートナーと共に今でも年に数回、店に食べに来る。店を辞めても関係が続く若者もいる。

「若いアルバイトは自分の子供のようなもので、自分の手を離れた後の将来もどうなっていくのか楽しみな存在なんだよ。だからうちの店で何か一つでもこれからの自分のためになることを身につけてくれたら嬉しいよ」

recipe

紫大根としらすのシェリービネガーマリネ

材料（5人前）

- ○ 紫大根（なければ大根でも）……1本（500gくらい）
- ○ 塩……適量
- ○ しらす干し……100g
- ○ エキストラバージンオリーブオイル……適量
- ○ シェリービネガー……適量
- ○ はちみつ……適量

作り方

1 紫大根をスライサーで1ミリ程度の厚さにスライスし、それを1センチ強の幅の短冊状に切り、ボウルに入れ、塩をふる。

2 1を30分ほど放置した後、適度に水分を絞る。絞り過ぎず、絞らな過ぎず。布巾でぎゅうぎゅう絞ったこともあるのですが、パサパサであまり美味しいと感じられなかったため、良い匙加減で。何度か作って自分の好みを見つけてください。

3 2にしらすをお好みの量を入れて、エキストラバージンオリーブオイル、シェリービネガー、はちみつを入れて混ぜる。味を見て良い感じなら完成

※シェリービネガーは酸味がとがっているので、しらすの旨みと大根の食感とはちみつの甘味が加わるとバランスが取れると思っています。自分好みの味を見つけてください。

Chapter

7

シェフのこだわり
すべてはお客さんに
喜んでもらうために

うちの店は普段着で行けるようなカジュアルなお店だ。

格式ばった「リストランテ」ではなく、気軽にワインと美味しい料理を楽しめる居酒屋やバルに近い感じ。

ところが、シェフがあちこちに見せるこだわりが半端ない。そしてアルバイトにもその水準の働きを要求する。

プロ意識ってこんなに厳しいものなのか、と学ぶことが多い日々だ。

シェフが仕込みから調理まですべてこなすことは前に書いた。

クズ野菜や鶏肉の様々な部位で作るブイヨン、にんにくオイル、そしてトマトソース、ボロネーゼ、ジェノヴェーゼ（バジルソース）などの基本のソースを手作りするのはイタリアンレストランなら当然のことなのだろうか。

冬に忙しい営業が終わり、店の片付けが終わった午前1時過ぎから始めた鶏ガラの下処

冬の深夜に冷たい水で鶏ガラの下処理をするシェフ

理の様子を、手伝いながら見せてもらったことがある。骨を手で割り、臭みのもとになる血や汚れを冷たい水で洗い流していく。結構きつい作業だ。「こんなに手間がかかるなら、ブイヨンも自家製じゃない店もあるのでしょうね」と聞くと、険しい顔をしながら手を動かしていたシェフはこう言った。

「ブイヨンを手作りするかどうかで味にはっきり差がつくかはわからないけれど、きっとそういう手間の積み重ねでどこかに差が付くよ。誰がどうしてるかじゃなくて、自分がどうしたいかなんだよ。本当はやりたくねえよ、こんな夜中に。でもやらなくちゃいけないと思ってるよ」

さらに、ベーコンも燻製機で手作りし、パスタを手打ちし、生しらすを塩と唐辛子で熟成させた自家製の発酵調味料「ロザマリーナ」を作る。

低温調理器なども駆使して季節の前菜を常に20品ほど用意しており、チョコレートテリーヌやパンナコッタ、ジェラート、チーズケーキなどのドルチェもすべて手作りだ。

11月に店先で自家製からすみを干し、そのからすみをたっぷりかけたパスタは、店のおすすめの一つになっている。よその店で食べて美味しかったと言って、発酵白菜やらっきょうの塩漬けなども手間がかかるのに手作りしている。

だから、朝起きてからランチまでの時間、ランチが終わった後のディナーまでの時間、ディナーが終わってからの深夜の時間、シェフはいつも仕込みをしている。週に1度だけの休みさえ買い出しや仕込みに費やし、休めていないことばかりだ。

当然のことながら、食材にもこだわる。

例えば、牡蠣は広島産かシェフの故郷である岩手県産の大粒のものを使い、一つのパスタに入れるのも半端な量ではない。毎回、運ぶとお客さんから歓声が上がるので、接客する側も気分が上がるメニューだ。

マリネやパスタに使うタコは通常、北海道産の太い足のものを、牛肉は岩手県産のA5ランクのものを使う。

野菜も下仁田ネギやちぢみほうれん草など、パスタに掛け合わせた時に驚きがあるものをよく使っている。カルボナーラなどの上に載せる黒粒胡椒もカンボジアの最高級の「カンポットペッパー」だ。

何種類も揃えているクラフトビールも岩手のもののほか、シェフが好きな海外産のものを何種類も揃える。ワインもすべてシェフが飲んで気に入ったものばかりだ。

「だから外で飲むより、うちの店で飲んだ方が、気に入っているワインが飲めていいんだよな」とぼやくこともある。

こだわりの食材に費用をかける分、そうでないものについてのコスト意識はものすごく高い。食材が足りなくなった時に、私も近所のお店にお使いに行くことがあるが、食材ごとにどの店がどれぐらいの値段で売っているかをすべて把握していることに驚く。

「春菊はこの店で〇〇円だから。それ以下なら他で買ってもいいよ」

1円単位で指示されるので、買い物もなかなか緊張する。

そんな店にホールのバイトとして雇われ、初めてパスタの皿を運ぼうとして「熱っ」と取り落としそうになったことがある。お皿が熱々に温められているので、素手では持てないのだ。

うちの店では温かい料理は熱いお皿に、ドルチェやサラダなど冷たい料理は冷凍庫で冷やしたお皿で提供する。

高級レストランなら当たり前の手間かもしれないが、カジュアルなイタリアンでそこまでやっている店はあまり見たことがない。先日は女性のお客さんに「ここは温かいものは温かいお皿で、冷たいものは冷たいお皿で出てくるのがいいですね」とお褒めの言葉をいただいた。

お皿を取り落としそうになった私に、シェフは「グラスを拭くタオルを使って運んで」と指示し、最初はそれで運んでいた。

でも、そのうちもっと見映えを良くしたくなり、私はワインを注ぐ時にも使うナプキン「トーション」を自腹で買った。

きちんとアイロンをかけて光沢のあるトーションで運ぶと、こちらも気分がいいし、お客さんももてなされている気分になるかもしれない。バイト代からすればそれなりの出費だったが、シェフのこだわりに引きずられて、私もそうしたくなったのだ。

お皿は、シェフがオーブンやパスタを茹でる湯を使って温める。たまにオーブンから出すのを忘れて焦がしてしまい、高い皿をダメにしてしまうこともある。

それでも「お客さんに最高の状態で食べてもらいたいから」と、どんなに忙しい時でもこの手間は惜しまない。

宴会の料理は、前菜盛り合わせからスタートするのだが、決して作り置きをしないのも最初は不思議だった。

お客さんは接客スタッフがドリンクを揃えたら、乾杯し、おつまみも早く食べたいだろう。

「前菜ぐらい、あらかじめお皿に盛ってラップをかけておけばいいんじゃないですか?」とシェフに言っても「料理はお客さんの顔を見てから作ることにしているから」と譲らない。

確かに、前菜盛り合わせの定番になっているパテ・ド・カンパーニュも、生ハムも、カプレーゼも切り立て、作り立てが美味しいのは確かだ。でも、前菜だけでも先に用意しておけば、シェフも余裕が生まれるだろうに。実際に料理を急かすお客さんもいて、その度にシェフはピリピリする。

それでも、シェフは味にこだわる。

そんな気持ちがわかってからは、調理の補助を積極的にやるようになった。味と早さを両立できたら、さらにお客さんは喜ぶだろうと思うからだ。

最初のアルバイト研修でもやった通り、うちの店の生ビールはビールサーバーを毎日洗浄するのはもちろん、注文が入ると冷蔵庫で冷やした専用グラスを洗剤と専用のスポンジで浄水を使って洗い、泡がなめらかになるように注ぐ。注ぐ量も泡のこんもり具合も、シェフは横目でいつもチェックしているので気が抜けない。

だから店が忙しい時に「とりあえず生」とグループで生ビールの注文が入ると、手間がかかって大変なことになる。

バイトもお客さんがお酒をごちそうしてくれたり、仕事を終えた後にシェフが「一杯飲んでもいいよ」と言ってくれたりして、お酒を飲む機会がある。

ある時、生ビールをごちそうになって、「自分の分だから」とグラスを洗う手間を省いて注いでくると、シェフは途端に厳しい顔になった。

「いいんですけど……。やっぱり僕は良くないと思いますよ。自分で飲む時もお客さんに注ぐのと同じように注いで『こんな味になるんだな』と試す機会にしないとダメでしょう。そういうところで手を抜くと、お客さんに注ぐのもうまくなりませんよ」

そうだ、確かにそうだ。シェフは本気で叱る時、いつも丁寧語になるのだが、ガツンと叱られて心の底から恥ずかしくなった。記者だって普段から言葉の選び方が雑な人間が、仕事でいい記事を書けるはずはない。

これはかなり初期に言われて、ものすごく心に残っている指導だ。シェフは常にこんな姿勢で仕事をしている。飲食店のプロってこういうものなのだな、と背筋が伸びた思い出の一つだ。

バイト仲間のコイズミ君にも「どんなところにシェフのこだわりを感じる？」と聞いてみた。

「僕はスーパーアラビアータの味見ですね。あれ、いちいちお客さんに味見してもらうのすごくないですか？」

なるほど。確かにそれもあった。

うちの店の裏メニューに「スーパーアラビアータ」という激辛パスタがある。トマトソースをベースに、世界一辛い唐辛子と言われるキャロライナ・リーパー、ブート・ジョロキア、豚ひき肉やラード、唐辛子を混ぜて熟成させたソフトサラミ「ンドゥイヤ」、青唐辛子、花椒、ピンクペッパーなど、さまざまなシェフこだわりの辛味を組み合わせたアラビアータだ。

テレビで何度も取り上げられたことから、メニューには載っていないのにたまにお客さんが注文する。厨房で作り始めると、店に漂う空気を吸い込むだけで咳が出るぐらいの激辛メニューだ。

この注文が入ると、シェフはまずホールに出てきてお客さんにどれぐらい辛い食べ物を食べた経験があるか、今日はどれぐらいなら大丈夫そうか、「カウンセリング」を始める。話し合いの結果、だいたいの辛さを決めたうえで、ベースのソースを作る。それをスプーンに少し取ってお客さんに味見をしてもらうのだ。その反応を見て、最終的な辛さに仕上げていく。

そこまでやっても、最後まで完食できないお客さんもいる。料理人として当たり前だが、シェフは自分が作った料理を残されると、とても悲しい顔をする。

「素材は美味しいものを使っているのだから、本来は美味しく食べてもらえるパスタのはずなんだよ。残してもらいたくはない。それなら完食できるようにこちらが調整するのは当たり前だろ？」

元々、凝り性な性格もあるのかもしれないが、ほとんど帰れない、休めないほど余裕のない毎日なのに、なぜすべてのことにそこまでこだわるのだろう。

シェフ本人は「もっとメニューや、やることを絞れば楽になるのだろうけど、うちはアラカルトのメニューでお酒を楽しんでもらう店だから、色々な料理があった方がいいじゃない」と話す。

そもそも習ったことをそのままやるのが性に合わないのだとも言う。

「自分で工夫してアレンジしたり、調べて試してみたりして、『これって自分で作れるもんなんだな』『自分で作った方が美味しいな』という成功事例が出てくると楽しいんだよ。楽しくなきゃ意味がないじゃない？」

「食材や調理方法を新しく見つけてインスピレーションが湧いて、自分で作ってみる。食べてみたら美味しいからお客さんに出してみるよね。それでお客さんの評判が上々だったら、メニューから外せなくなる。そうやってメニューがどんどん増えていって、仕込みが大変になるんだよな」

最近では、真鱈子の醤油漬けを作って、和風のパスタに仕立てた新作を完成させた。試作の段階で自分でも美味しいと感じて2食連続で食べたと言い、たまたま店に遊びにきた私やバイトのコイズミ君にも深夜に振る舞ってくれて大評判だった。翌日から店にも出し始めた。

「お客さんに出したら『これは無限パスタですね』と喜んでくれて、自分もそう思っているからなお嬉しいよね」

「『美味しいな。これはイケるぞ』と思って作ったものをお客さんも喜んでくれた時に一番幸福感を覚えるし、心が満たされる。そのための手間ならいくらでもかけますよ」

recipe

からすみのパスタ

材料（1人前）

- ○ スパゲッティ（1.8mm）……120g
- ○ ニンニクオイル……20cc
- ○ ニンニク（みじん切り）……6g
- ○ 輪切り唐辛子……1つまみ
  （お好みで調整してください）
- ○ サルデーニャ産の市販のボッタルガパウダー……20g
- ○ エキストラバージンオリーブオイル……適量
- ○ 自家製からすみ……10g
- ○ イタリアンパセリ……適量

作り方

1 スパゲッティを1.3%の塩湯で、 茹で始める。

2 フライパンにニンニクオイル、 ニンニク（みじん切り）、 輪切り唐辛子を入れ、 弱火にかける。 じっくりニンニクの香りと旨み、 唐辛子の辛味を引き出し、 オイルに移す。 パスタ湯30ccを加え、 火から下ろす。

3 茹で上がったスパゲティを弱火にかけた**2**のフライパンに投入し、軽く混ぜてから、ボッタルガパウダーを混ぜ込む。 味を見ていい感じなら火を止め、エキストラバージンオリーブオイルを絡める。 350度のオーブンで10秒温めた黒い皿にいい感じに盛り付け（黒い皿の方がかっこいい）、 自家製のからすみをスライサーで10g上から削りかける（スライサーがなければ包丁でなるべく薄く切ってかける）。 イタリアンパセリを散らして完成。

Chapter

8

お客様は神様ですか?

うちの店は、良いお客さんに恵まれていると思う。

お店の味やシェフのキャラクターを愛する人が通ってくれるから、混んでいる時も急かさないし、手が空いたタイミングを見計らって注文や会計の声をかけてくれる人が多い。満席でホールがバタバタしている時は、お皿を下げるのを手伝ってくれる常連さんさえいる。

それでも時折、悲しいすれ違いが起きることがある。

客商売だし、飲食業が大変な時代だからこそ余計にお客さんを大事にしないといけないことはわかっている。でも、そうしづらい気持ちになることもたまにあるのがこの仕事の厳しいところだ。

なんといっても一番悲しいのは、シェフが心を込めて作った料理を残されることだ。お客さんに美味しいと喜んでもらうためにと、シェフが深夜まで仕込みをしている姿を見ているだけにスタッフとしても切なくなる。

ある時、若い男女のカップルの女性の方がパスタをほぼ残し、スプーンですくってバゲットにつけて食べるレバーペーストも、ぐちゃぐちゃにつついた状態で半分以上、残して帰ったことがあった。

「お口に合いませんでした？」と言うと、「お腹いっぱいで」という。細身の女性だったので節制のためなのかもしれない。

シェフは私が下げてきた皿を見て、「美味しいのになあ。なんでだよなぁ」とガックリしている。

シェフはどんな料理を作る時も毎回、味見をしているから、おかしな味のものを出すことはない。茹で過ぎたパスタは出さずにすぐに茹で直すから、アルデンテでないパスタを出すこともない。

宴会コースの場合、うちの店ではパスタを2品出すが、お客さんの腹具合を直前に確認してシェフはテーブルごとに量を調整する。残されたくないからだ。それでも、話に夢中になって料理はそっちのけになり、冷めたまま残されることもある。

そんな時はシェフに見せないようにこっそり廃棄しようと思うのだけれども、そういう時に限って手が空いたシェフがお皿を下げるのを手伝ってくれたりする。残された皿を見て、悲しげな顔をするシェフを見るのがスタッフとしてもたまらない。

中には「色々食べたくてたくさん頼んじゃったんだけど、お腹いっぱいになっちゃってごめんなさいね。でも美味しかった！」と、気軽に残す人もいる。

どうしても口に合わなかったり、体調や病気の関係で残さざるを得なかったりするのはもちろん仕方ない。でも、そうでなければどうか食べ切れる量、食べられそうなメニューだけ注文して完食してほしい。あらかじめ言ってもらえば量を少なくすることもできる。心の底からのお願いだ。


特別扱いを自分から要求するお客さんと出会った時も悲しい気持ちになる。

例えば、宴会のコース料金を値切ってくるお客さんがたまにいる。

うちの店では飲み放題込みで6000円と7000円のコースを用意しているのだが、ある時、これを「4000円にできないか？」と大幅に値切ってきたお客さんがいた。

通常、飲食店では原価率30パーセントぐらいで元が取れると言われているが、食材にこだわるシェフは、それを遥かに上回る原価率で料理を出している。その努力を無視して、飲み放題込み4000円で満足できるものを出してくれというのが、いかに無理な要求かわかってほしい。

この時、シェフは「その金額だとろくなものは出せませんから」と断った。

さらに、常連さんほどではなく、数回来ていただいたぐらいのお客さんにたまにあることだが、特別なサービス提供を要求する人がいる。

つい先日、シェフと少し顔見知りの中年の女性グループが予約したとして来店したのだが、店で把握していなかったことがあった。予約を書き込むカレンダーに名前がない。

幸い席は空いていたので、すぐに問題なくお通しして料理とワインを楽しんでいただいた。「美味しい。美味しい」と喜び、満足していただいたはずだった。

ところが、挨拶に出てきたシェフに、女性たちは何度も「予約を忘れていたのだから、ボトルワインをサービスしてよね!」と迫る。シェフは苦笑いして受け流していたが、その後も繰り返し「グラスワインでもいいから」「じゃあデザートをサービスしてよ」などと言う。

シェフはむしろサービス精神旺盛な人だが、こういう「サービス要求型」のお客さんに遭遇するとパタっと心を閉じてしまう。そしてお客さんが帰った後に疲れた顔をして、そのモヤモヤを閉店後も引きずっている。

長引くコロナ禍で個人経営の飲食店がどこも厳しい経営を強いられていることは、誰でもわかっているはずだ。常連さんたちはむしろ、高めのワインを注文してくれたり、我々スタッフにお酒をごちそうしてくれたりして、お店の売り上げを増やそうとしてくれる。私も行きつけの店ではお釣りを受け取らないなどして応援こそすれ、店から特別なサービスをしてもらおうなんて思ったことはない。

しかし、中には「少しでも得したい」と、ギリギリで踏ん張っているお店から上乗せのサービスを引き出そうとするお客さんもいるのだ。

これも滅多にないことだが、泥酔するお客さんも困ったものだ。お店にとって、お酒をたくさん注文して飲んでくれるお客さんは良いお客さんだ。しかし、これにも限度がある。最近、家族で来て飲み過ぎた夫婦が、店内で喧嘩を始めたことがあった。口げんかだけならまだしも、幼い子供や他のお客さんがいる前で夫婦で殴り合い、蹴り合いになり、店の椅子を一脚叩き壊して、そのまま帰ったそうだ。

翌日、バイトに入った私は、店の片隅に脚の折れた椅子が置かれているのを見て、「これ、どうしたんですか？」と聞き、前日の悲劇を知った。

椅子の代金だけはもらったそうだが、粗大ゴミに出す費用や新しい椅子を購入して送ってもらう手間や送料などを考えると、店の負担は大きい。その夫婦は、後日、謝罪に訪れることもなかったそうだ。

さらに、地味ながら店として確実に困るのは、連絡なしで予約した時間に遅れたり、予約の人数が減ったりすることだ。

お客さんに予約してもらった時間はその人数分の席を確保しなければいけないから、他に席がない場合、新しいお客さんが来ても断らなくてはいけない。店にとって連絡なしに予約をすっぽかされると、本当は稼げたかもしれない利益をふいにすることもあるのだ。

先日は忙しいランチの時間帯に大人数の予約が入っていたので、何人ものお客さんを断ったらしい。ところがその予約したお客さんは連絡なしで現れず、予約の半分の人数しか来なかった。後日、「急に他の予定が入った」と謝罪があったようだが。

また、たとえ連絡があったとしても、大人数の予約が当日までなかなか確定しないのも非常に困る。

「二人プラスになっていいですか?」「すみません。一人減りました」「やはりもう二人減ります」と直前まで五月雨式に連絡が来ると、他の予約が調整できなくなる。店の席数は限られているからだ。

これが常連さんの場合、どこまで注意していいのかシェフも迷う。

先日は「予約2日前からは、人数に変更があった場合はその分の食事代だけはいただきます」というメッセージを下書きし、送ろうかどうかスマホを握りしめながらずっと迷っていた。結局、シェフはそのメッセージを送らなかった。

経営者として常連さんが離れるのを恐れるのは当然だ。そんな飲食店の弱みにつけ込まれているようで、私はこんな時も悲しくなる。

また、別の日には常連さんから「明日の午後9時頃から十数人入れそうですか？」と問い合わせがシェフにあった。それも確定ではなく「もしかしたら」という曖昧な依頼らしい。それでも本当に十数人が来れば、ホール一人ではさばききれない可能性がある。

シェフは私にLINEで「ダメもとで明日、午後9時から2~3時間、ホールに入れませんか？　確定ではないみたいなので何とも言えないのですが」と連絡してきた。特に予定はなかったので、私も「大丈夫ですよ」と返して、翌日、本業の仕事を終えてから、店に向かった。

ところが約束の午後9時を過ぎてもお客さんは来ない。連絡もない。シェフは「なんだかなあ……」と落ち込んでいる。もう一人のアルバイトは午前中から働いているのに、このお客さんたちを待ってなかなか帰れない。バイト代も当然ながら二人分発生している。

結局、ラストオーダーの午後10時になっても現れないので、シェフは私を片付け要員として残して、朝から入っていたバイトの男の子を帰した。

ところが、その直後に12人が現れたのだ。会社の宴会の二次会らしい。一人で接客スタートである。

予約をした女性は「ごめんなさ〜い。なかなか連絡できなくて」とシェフに軽い調子で言い訳し、シェフも常連さんだからと、愛想よく答えている。

自分の大切な仕事相手との約束に遅れる時は、この人だって連絡を入れるはずだ。なぜ飲食店だとそれができないのか。やらないのか。

（まぁ、でも完全にすっぽかすよりはマシだよな。来てくれて良かったよな）

と私も心を立て直した。

お腹はそこそこいっぱいということなので、ワインと数種類の前菜を出す。通常、午後10時頃にはパスタを茹でるお湯を抜くのだが、「締めが食べたい」と言われてシェフは午後11時過ぎからパスタを作り、お代わりも求められてそれも作った。

おしゃべりは長く続き、ワインも何本も開けていただき、私たちは閉店時間を過ぎてもお客さんをもてなした。楽しんでいただけたようだし、売り上げも5万円近くなり、こちらも「終わりよければすべて良し」と気分良くなっていたのである。

ところが、帰り際のことだ。その会社の偉い人がシェフの肩に手を回し、からかうようにこう言ったのだ。

「これだけ遅い時間から稼げて、いいカモが来たと思ってるんでしょ」

カチンときた。何をバカなことを言っているんだ。連絡なしで遅れたのに笑顔でもてなし、ラストオーダーの時間を過ぎてもパスタを何度も作ったシェフに、なんて失礼なことを言うのか！

短気な私はつい、その人を睨みつけたらしい。お客さんが帰った後、その表情を見ていたシェフに「お客さんに失礼だろう！」と厳しい声で叱られた。

しゅんとなり、謝って、黙々と片付けを始めた私に、シェフは「余ったワインを飲んでから片付けよう」と声をかけてくれた。6000円する美味しいワインが3分の1ほど残っている。高めのワインを勧めておいて良かった。

まだ私はこの時は、シェフに叱られても「解せない」という気持ちの方が強かった。

暗い顔でワインを飲み始めた私に、シェフは優しい声に変わって「あの人は前も失礼なことを言ってきたことがあって、一度ピシッと伝えたことがあるんだよ」と教えてくれた。うちの店は禁煙で、他にお客さんもいるのに「タバコ吸っていいでしょ」と勝手にタバコを吸おうとしたことがあるらしい。「ダメに決まっているでしょう」と厳しく伝えたのだという。そういえばこの日もシェフは「タバコ吸っていい？」と聞かれて断っていた。

「なんか飲食店を下に見ているお客さんっているんだよな。失礼なことだよな」とシェフが遠い目をしてつぶやく。

あぁ、そうか。シェフは私よりずっと悔しい思いを何度も何度も重ねてきたのだろう。それでも家族やスタッフの生活を背負う経営者だから、そんな気持ちをグッと飲み込んでお客さんをもてなすのだ。そんなシェフの気持ちがわかって、私はようやく本気でお客さんを睨んでしまったことを反省した。

それでも結局、お客さんとのすれ違いで傷ついた心を癒すのもまたお客さんとのやり取りだ。閑古鳥の鳴く日に常連さんが顔を出してくれてワインをごちそうしてくれたり、満席でてんてこ舞いになっている日に一緒にお皿を下げてくれたり、そんな思いやりを受け取ると、嫌な気持ちはすべて吹っ飛んでしまう。そして、この仕事をしていて良かったなと心から喜びを感じることができるのだ。

印象に残っていることをつらつらと書き連ねてみたが、どうもサービス業を下に見るお客さんは確実にいるようだ。「お金を払っているのだから、自分が上なのだ」と勘違いしているのかもしれないが、本来、お店とお客さんは対等なはずだ。

先日、美容院に行って、担当の美容師さんに「困るお客さんってどういう人ですか?」と聞くと、「やっぱり一番は連絡なしに遅れてくるお客さんですね」と教えてくれた。

「遅れても謝らないお客さんもいます。一定時間遅れると予約時間以内に終えられないので、こちらから断りの連絡を入れることもあります。その間の店の売り上げは無くなるのに、逆に不機嫌になるお客さんもいるんですよね」と苦笑する。

さらに、プロの美容師である彼女に対して、「彼氏いるの? デートしない?」としつこくナンパするお客さんもいるのだという。

「面倒くさいので、そういうお客さんの情報はお店のスタッフで共有します。でも常連さんだとどこまで邪険にしていいのか悩みます」と困った顔をしている。

飲食店も美容院もその他のサービス業も、きっとみんなプロとして技術を磨き、準備をし、最高のサービスを提供しようと努力している。そのやる気やもてなしの心を引き出すのは、なんと言ってもお客さんの振る舞いだ。

どんなお客さんに対しても一定の質のサービスを提供するのがプロだろう。でも、サービス業のスタッフも人間だ。自分たちが大事に守ろうとしている店に対して敬意を払ってくれないお客さんに、気持ちよく接することは難しい。

スタッフだけでは質の高いサービスは提供できない。お客さんと一緒に最高の時間を創りたい。サービス業で働く一人として、そんな思いで店に立っている。

Chapter

9

常連の林さんと
ALSの妻、
利恵子さんのこと

常連さんの一人、53歳の林隆志さんはもの静かで人当たりがよく、ゆったりとした大人の余裕を感じる人だ。

別の常連の男性たちから「岩永さん、常連の中で誰が一番紳士？」とふざけて聞かれた時、「林さん！」と即答すると、「それは納得だな」とみんな真顔で頷いていた。

好奇心旺盛で新しいメニューが出るとすぐ試してくれるので、シェフも新しいメニューを作ると「林さんに食べてもらいたいなあ」と心待ちにする。

その林さんがこの本のもとになったネットでの連載を読んで私が医療記者であることに気づき、「実は自分の妻はALS※（筋萎縮性側索硬化症）なんですよ」と教えてくれた。

以前は夜間の介護は自身が担っていたのだが、ヘルパーによる24時間の介護が認められて、うちの店に飲みに来られるようになったそうだ。

それはぜひお話を伺いたい。店の近所のご自宅に、林さんと現在51歳になった妻の利恵子さんを訪ねた。

林さんと利恵子さんのお話を聞いていると、運命に自分や大事な人の人生を台無しにはさせない意志の力、どんなことがあっても幸せをつかむ人の底力を感じる。そしてその喜びに、うちの店が少しでも役立っているなら誇らしいのだ。

※手足・のど・舌の筋肉や呼吸に必要な筋肉がだんだん動かなくなっていく進行性の神経難病。治療法がまだ見つかっていないが、人工呼吸器や胃に開けた穴から栄養を補給する胃ろうなどを作って長く生きられるようになった。体が動かなくなっても感覚や内臓機能などは保たれる。

林さんは31歳の時、大阪で働く妹の親友だった利恵子さんと出会った。東京のパチンコメーカーの開発者として働いていた林さんの元に、妹と一緒に遊びに来て紹介されたのだ。すぐに意気投合した二人は、遠距離恋愛を始めて1年も経たない2002年10月に結婚。5年後には待望の長男、倖大《こうた》君が誕生した。

その倖大君が2歳になる直前の2009年の春頃、ベビーカーで保育園に連れていく時に、利恵子さんはいつもより体が重く感じて、疲れやすいことに気づく。

そのうち喉にも違和感を覚えるようになり、しゃべりづらくなっていった。確実におかしいと感じたのは、買い物で店員に「これください」と言おうとするのに声が出ず、ジェスチャーで伝えなければならなかった時だ。

「色々な医者に診てもらっても原因がわからない。半年ぐらい病院を転々としました」と林さんは振り返る。

何がどうなっているのかわからないまま少しずつ声を失っていき、家事や育児もままならなくなった。母子で大阪の実家に戻り、東京で働く林さんが週末だけ大阪に通う離れ離れの生活が始まった。

最終的にALSと診断が確定したのは2009年の12月。利恵子さんが37歳、林さんが39歳の時だった。

「何で？　何で？　何で？　何で？　何で？　私ばっかり」

実は利恵子さんは21歳の時に脳出血で倒れ、左半身まひの体になっていた。その時は懸命にリハビリに励んで社会復帰した。病気の経験を活かせる仕事がしたい、と26歳から福祉の専門学校にも通い「第二の人生」を前向きに突き進んでいた。

30歳で結婚し、34歳で母になり、育児をしながら福祉関係の仕事も続けて、順調に人生が回り始めた時に下されたALSの診断だった。

ALSを発症した頃の利恵子さんと倖大君

子どもの顔を見れば涙が止まらず、先を考えれば不安で涙が溢れる毎日でした。ほぼ毎日、涙を流して気づいた大切なことが一つありました。それは自分一人だったらここまで辛くなかったのかもしれない。フッとそう思ったとき、改めて母になった喜びと責任を感じ、親としての責任を全うすべく『生きる』決意ができました。

「りえこ新聞　3rd Life～私はお母さん～」
第1号（2011年2月25日発行）

林さんももちろんショックを受けていた。
「あの頃は夫婦で『どうすっかな』ばかり言っていた気がします。でもそのうち、りえの方が『何とかなるっしょ』と言うようになり、自分もそう思えるようになった。子供がいたのも大きいと思います」

1年以上かけて気持ちを切り替え、親しい人たちに近況を伝えるために毎月1回、作り始めたのが、引用した「りえこ新聞　3rd Life～私はお母さん～」だ。利恵子さんが文案を考え、パソコンを操るのが得意な林さんが編集し、新聞の形にレイアウトして印刷する。ALSを得てからの毎日を「第三の人生」と前向きに捉えようとする思いをタイトルに込めた。紙の形にこだわり、家族、親戚、学生時代の友達、医療関係者ら80人ぐらいに郵送していた。封筒に入れて切手を貼るのを息子も手伝ってくれた。

林さんは第1号の編集後記ならぬ「旦那後記」にこう書いている。

突然妻が「新聞を作る！」と宣言したとき、正直なにを言っているのかよく分かりませんでした。…が、こうやって形になってみると、いつもながら妻のひたむきでがむしゃらな行動力に驚かされます。「伝えたい」という想いのたけが詰まったこの新聞から、みなさんが何かを感じていただければ幸いです。

「りえこ新聞　3rd Life～私はお母さん～」第1号（2011年2月25日発行）

2012年に入ると徐々に食べ物が飲み込みづらくなり、その年の8月には胃に開けた穴から栄養を補給する「胃ろう」を造設した。

生活のリズムができてくると、東京で家族3人一緒に暮らしたいと考えるようになり、そのための準備が必要になった。2013年1月から入院し、林さんもたん吸引の方法など、自宅で暮らすためのケアの仕方を学び始めた。

その入院が始まってすぐ、利恵子さんは深夜に急に意識を失って呼吸困難となる。医師から「気管切開しかないです」と言われ、考える間もなく緊急で気管切開をして人工呼吸器をつけた。

「もし入院していなかったらそんなにスムーズにはいかなかった。危ないところでした」と林さんは振り返る。

ALSは発症から3〜5年で呼吸するための筋肉も衰えていくので、気管切開をして人工呼吸器をつけるかどうかの判断が迫られる。治療法がない過酷な病気だから、日本では3割程度が装着し、7割程度がそのまま苦痛だけ緩和して死を迎えることを選んでいるのが現状だ。

呼吸器をつければ長く生きることも可能だが、家族の介護の負担を考えて悩む人もいる。しかも、一度つければ後から外すことは難しくなる。死に直結するからだ。

実は人工呼吸器をどうするかは事前に夫婦で話し合っていなかった。

利恵子さん自身、診断当初は「人工呼吸器はつけない」と考えていたが、その後、「息子に寂しい思いをさせたくない」とつける方向に気持ちが傾いていった。だが、家族の負担を考えると「人工呼吸器を装着して生きていきたい」とはなかなか言い出せなかった。夫の気持ちもわからなかった。

このことについて、利恵子さんはりえこ新聞にこう書いている。

実は、私はこれまでに主人から「呼吸器を付けて生きてほしい！」と言われたことは一度もありません。また、私自身も「呼吸器を付けて生きたい！」とは決して口にしませんでした。（中略）
主人が何も言わないことを思い悩んだ時期もありましたが、今思うと、この道を歩むことが二人のあいだで暗黙の了解だったような気がしています。（中略）主人と二人でゆっくり話せたときのことです。そのとき初めて主人が「呼吸器を付けて欲しい」と言わないように意識していたことを知りました。理由は私に「生きることへのプレッシャー」を与えたくなかったからだそうです。私は私で介護することを義務だと感じてほしくなくて「呼吸器を付けたい」とは言えずにいたので、お互いが相手のことを思い、あえて話し合わなかったのかもしれません。

主人の思いを聞いて、これまで以上に「この人とならやっていける！」と感じました。

どんな状況であっても、それを楽しむことができるのは私たち夫婦の才能で、その素質は倖大にもしっかり受け継がれています。今現在、充分楽しく幸せに生活できていることを考えると、ALSは確かに過酷な病気ですが、私にとっては『人生を諦めるほどの病気ではない！』と感じています。

そう思えるのは主人や倖大、そして周りで支えてくれる多くの方々のおかげだと感謝しています。家族の本音が気になり人生の決断に影響するのは事実だと思いますが、私は自分の思いを言葉で表現せずに、それでも主人と同じ決断ができたことが幸せです。


「りえこ新聞 3rd Life～私はお母さん～」第29号（2013年9月25日発行）

林さんは実は、一緒に生きたいと願っていたと語る。

「一番大きかったのは子供の成長を一緒に見たいという気持ちでした」

それでも「呼吸器をつけて生きてくれ」と言えなかったのはなぜか。

「生きることを義務だと感じてほしくなかったんです」

確かに利恵子さんは、「生きるも死ぬも相当の覚悟が必要な状況」とその選択の重さをりえこ新聞に綴っている。

一番近しいパートナーの林さんでさえ想像しようのない重い病を抱えることになった妻への、精いっぱいの愛情だった。林さんは言う。

「他のALSの患者さんで完全に生きる気力を失っている人も目の当たりにしてきました。それを考えると、よくここまでタフなメンタルで頑張ってくれているなと尊敬しています」

利恵子さんは2ヶ月半の入院生活の後、2013年4月に東京に引っ越した。

当時は朝8時にヘルパーさんに来てもらい、林さんが息子を保育園に連れていってから出勤し、帰宅して午後9時から翌朝8時までは林さんが一人で介護する体制だった。

「ALSの介護の記事を読むと、1時間おきに起きてたん吸引しないといけない、などと書いてあるのですが、その頃の妻はそんなに回数は多くなかったので眠れていました。夜間のトイレのケアをやるぐらいでした」

「一番しんどかったのは東京に引っ越してすぐの頃、抗生物質が合わなくて下痢が続いた時です。一晩に13回排便の世話をして、さすがに妻の方から『しんどいから入院させてく

林さんが息子のために作ったキャラ弁

れ』と言われました」

東京に移って妻の実家の支援がなくなったため、倖大君の世話も林さんが全面的に担うようになった。それまで家事はほとんどやったことがなかったが、子供の朝晩のご飯作りも、洗濯や掃除も一手に引き受けた。

「お弁当も運動会とかイベントの時は作っていました。結構、自分はできる方なんです。クックパッドを見たら作れますし、人は必要に迫られると何とかなるものですよ」と何事もないように林さんは微笑む。

りえこ新聞には徐々に進む症状に苦悩する気持ちも書かれるが、家族での四国や沖縄旅行、結婚10周年でもあった倖大君の七五三に、ウェディングドレスとタキシード姿で写った家族写真など、毎日の生活を慈しむ様子も伝えられる。

そして、利恵子さんから夫への感謝の気持ちも率直に綴られている。


今では私の方が恥ずかしくなるぐらい、真っ直ぐな気持ちで私をサポートしてくれていることに、心から感謝しています。その姿を一番近くで見ている倖大も、とても思いやりのある優しい子に成長してくれています。

主人を知る周りの人は看護師さんも含めて皆一様に、「何でもしてくれて助かるね。本当にいい旦那さんやね」と言ってくれます。


「りえこ新聞 3rd Life～私はお母さん～」第26号（2013年6月25日発行）

りえこ新聞の中では、ヘルパーさんも林さんの献身的な介護に対し、「一番すごいのはすべてを楽しんでやっているところ」と感心する様子が描かれる。毎日の食事や弁当だけでなく、ミキサーを使って利恵子さんも食べられるしっとりしたカボチャケーキやさつまいもケーキ、ムースなどを作る。「週末は家族3人で優雅に家カフェをして過ごしています」と書く利恵子さんは幸せそうだ。

面と向かってはなかなか言えない感謝の気持ちや互いに対する思いを伝える手段として

も、りえこ新聞は役立っていた。

妻が病気になるまで外で飲むことは大好きだったが、夜間の介護を担い始めると気晴らしにフラッと外に飲みに行くことは難しくなった。

「会社の飲み会など限られた時だけ、ヘルパーさんに延長をお願いして行くぐらいでしたね。残業の多い職場だったのですが『介護があるので』と午後6時頃には退勤していました。子供も保育園に迎えに行かなければなりませんでしたし、夕飯も食べさせなければなりませんしね」

ちょうどその頃、会社に通いやすい場所にある手頃な物件を探していた。1年ぐらいかけて見つかり、2014年12月に引っ越してきたマンションの近くに美味しいパスタ屋があるのに気づいた。それが私のバイト先のPasta e Vino Keiだ。ヘルパーさんがいる土日のランチの時間に息子を連れて食べにいくようになった。

林さんだけでなく、息子の倖大君もうちの店の常連さんの一人だ。りえこ新聞にも、倖大君とうちの店が登場する。

林さんの姪っ子と甥っ子が遊びに来て、東京ドームシティにみんなで遊びに行った日の出来事だ。利恵子さんはこう綴る。

この日はマンション近くにある倖大お気に入りのパスタ屋でランチを食べてから出かける予定にしていたのですが、驚いたことに、倖大は姪達を駅に迎えに行く前にその店に一人で立ち寄り「今日みんなでカルボナーラを食べに来るね！」と予約をしてくれていました！　こんな8歳児いますぅ？　これもまたチャラ男の予兆でしょうか？

「りえこ新聞 3rd Life ~私はお母さん~」第54号（2015年11月25日発行）

「マスターも倖大のことを覚えていてくれて、よく話しかけてくれるんですよ」と林さんは言う。実際、倖大さんが来ると、シェフは「おう、倖大」と声をかけては、おしゃべりしている。可愛がっているのがよくわかる。

でも、林さんは飲むことが好きなのに、かつてはランチでのビールが精いっぱいだった。

その状況が変わったのは、転職がきっかけだ。

林さんが開発プロデューサーを務めていた大手パチンコメーカーがコロナ禍による業績

悪化に陥り、650人もの希望退職を募ったのは2020年12月のことだった。退職金も割増しになる。巻き込まれた林さんもこれに応じた。50歳だった。

転職した仕事は、デスクワークだったこれまでとはまったく違う職種の肉体労働だ。大きなビルの地下にある汚水槽を清掃する仕事だという。給料は半額以下になった。

でもそれまでの貯金や、夫婦の老後の生活、子供にかかる学費などを計算すると、収支トントンでやっていける年収ラインには達していた。

「妻が病気になったこともあって、結構質素な生活をしていたんです。無駄遣いするわけでもなく、車を買うわけでも高級時計を買うわけでもない。貯蓄はそれなりにしていたので、今後の人生、破綻せずにやっていけるだろうという見通しが立ちました」

椅子に座ってパソコンをいじる仕事とはがらりと変わった。それでも林さんは飄々《ひょうひょう》としている。

「太ももまである長靴を履いて、ブラシを持って汚物の溜まった汚水槽に入っていって、洗いまくる仕事です。きついですが、実労働時間は短いのが魅力でもあります。例えば、先日銀座の商業ビルで行った清掃は、現地で仕事を始めたのが午後11時で、終わるのが午前2時ぐらいでした」

そこから会社に戻ってシャワーを浴びて、汚れた作業着を洗濯して帰ると、明け方4時ごろになる。仕事明けの日は休みだ。

この夜勤が月に8回あるため、夜間の介護を担うことができなくなった。ヘルパーによる24時間の介護を受けるために住んでいる自治体に申請すると、2021年夏、すんなり認められた。会社が夜勤の証明書を書いてくれたのも大きかった。

パチンコメーカーに勤めていた頃も、コロナ禍でのリモートワーク中にうちの店に来て、ランチの時間にビールを一杯程度飲むことはあった。しかし、前菜などを肴にゆっくり飲むことはできなかった。

転職で夜間の介護を手放したことで、初めてふらりと夜、店に寄ることができるようになったのだ。高校生になった倖大君も一人で夜過ごせるようになり、今では夜勤明けの日に週2～3回は店に寄る。

「単純に美味しいです。ランチも含めたら常連として何年も通っているのですが、常に新しいメニューが出てきますよね。しかもどれも極めて美味しい。それがすごい。食材の選び方もセンスが良くて、普通のイタリアンでは食べられないものを食べられるのも嬉しいです」

最近のメニューでは「ヤゲンナンコツのペペロンチーノ」や「レンコンのスパイス煮込

カウンター席でシェフと乾杯する林さん（左）

み」「かぶとしらすのシェリービネガーマリネ」が特にお気に入りだ。

「ああいう小ぶりのメニューがいちいちどれも美味しいので、一人で飲むのにちょうどいい。何度通っても飽きずに食べられます」

林さんが座る定位置は、料理を作るシェフと一番近く、話ができるカウンター席だ。

「マスターの人柄がいいですよね。面白いし、楽しい。ちょっとたわいもない会話を交わすことで、息抜きになっているんですよ。マスターって常にお客さんのところに話しに行くじゃないですか。『味はどうでしたか？』とかね。あの気の使い方は素敵だなと思いますね」

そんなシェフの体調も気遣うところが、林さんらしいところだ。

「逆にシェフが体を壊さないか心配しています。ハードワークと仕事中に飲み過ぎている姿を見ているので。ずっと店を続けてほしいですからね」

妻の利恵子さんは、林さんがうちの店に通うことについては「呑み過ぎなければＯＫ」と快く送り出してくれているという。

利恵子さん本人にも直接聞いてみた。

「林さんがうちの店に食べに来てくれるのをどう思いますか？」

気管切開で声が出せなくなり、文字盤を指すこともできなくなった今は、ヘルパーさんが「あかさたな」と五十音を唱え、わずかに動く口元の合図で言葉を拾う方法でコミュニケーションを図っている。

「よ・く・い・て・ま・す・ね（よく行ってますね）」

「ちょくちょく飲みに行くのは嫌ではないですか？『快く送り出してくれる』と林さんは仰っているのですが」と聞くと、利恵子さんはこう言った。

「わ・た・し・も・い・き・た・い」

そうか、利恵子さんもうちの店に行ってみたいと思ってくれているのか。きっと林さんが楽しそうにしているから、そう感じてくれるのだろう。

よく、介護される人は家族の介護の負担に対して「申し訳なさ」を抱くと言われている。利恵子さんが林さんと一緒に発行していたりえこ新聞にも、その思いがちょこちょこ表れていた。

利恵子さんは林さんが気晴らしに飲みに行けるところができて喜んでくれているのではないだろうか。

林さんはこう言う。

「そうかもしれないですね。でも介護は生活の一部になっていたので、そんなに負担ではなかったんですよ。介護と同じように、マスターのところに通うのも今では僕の生活に組み込まれている感じです。夜勤明けの夜や、休日の木・金のランチはマスターのところへ、というサイクルが出来上がっている感じですね」

「しかもその時間がすごく楽しい。ルーティンの一部になっているというよりは、ご褒美として生活の一部に取り込まれている感じです。『明日マスターのところに行けるんだから、今日の仕事を頑張ろうかな』という感じなんです。この店に来ることが僕の活力になっているんです」

「常連さんたちで林さんが一番紳士だと話しているんですよ」と伝えると、林さんが「紳士だってさ、利恵子さん」と笑いながら利恵子さんに話しかける。利恵子さんも微笑む。

ベースギターが趣味で、学生時代からロックバンドを組んでライブもやってきた林さんは、昔「ビジュアル系」だったそうだ。

利恵子さんに「林さんって本当にビジュアル系だったんですか？」と聞くと、「わ・た・し・は・み・た・こ・と・な・い」と返ってきてみんなで爆笑した。

妻がALSになることは、はたから見れば、配偶者にはとても過酷なことに思える。林さん夫婦ももちろん辛い時期を何度も経験してきたのだと思うが、今、目の前でお会いする二人はこんなにも穏やかで温かい。

利恵子さんが絶えず笑みをたたえていることもあるのだろうけれど、林さんも妻の病気や介護についてネガティブな言葉をほとんど口にしない。一緒に話していると、笑いがしょっちゅう起きている。

「それはりえが大阪生まれということがそうさせているのかもしれないですね。何でも笑い飛ばすというか。付き合い始めた頃は、『ボケは3回繰り返せ』とすごく厳しく指導されましたから」

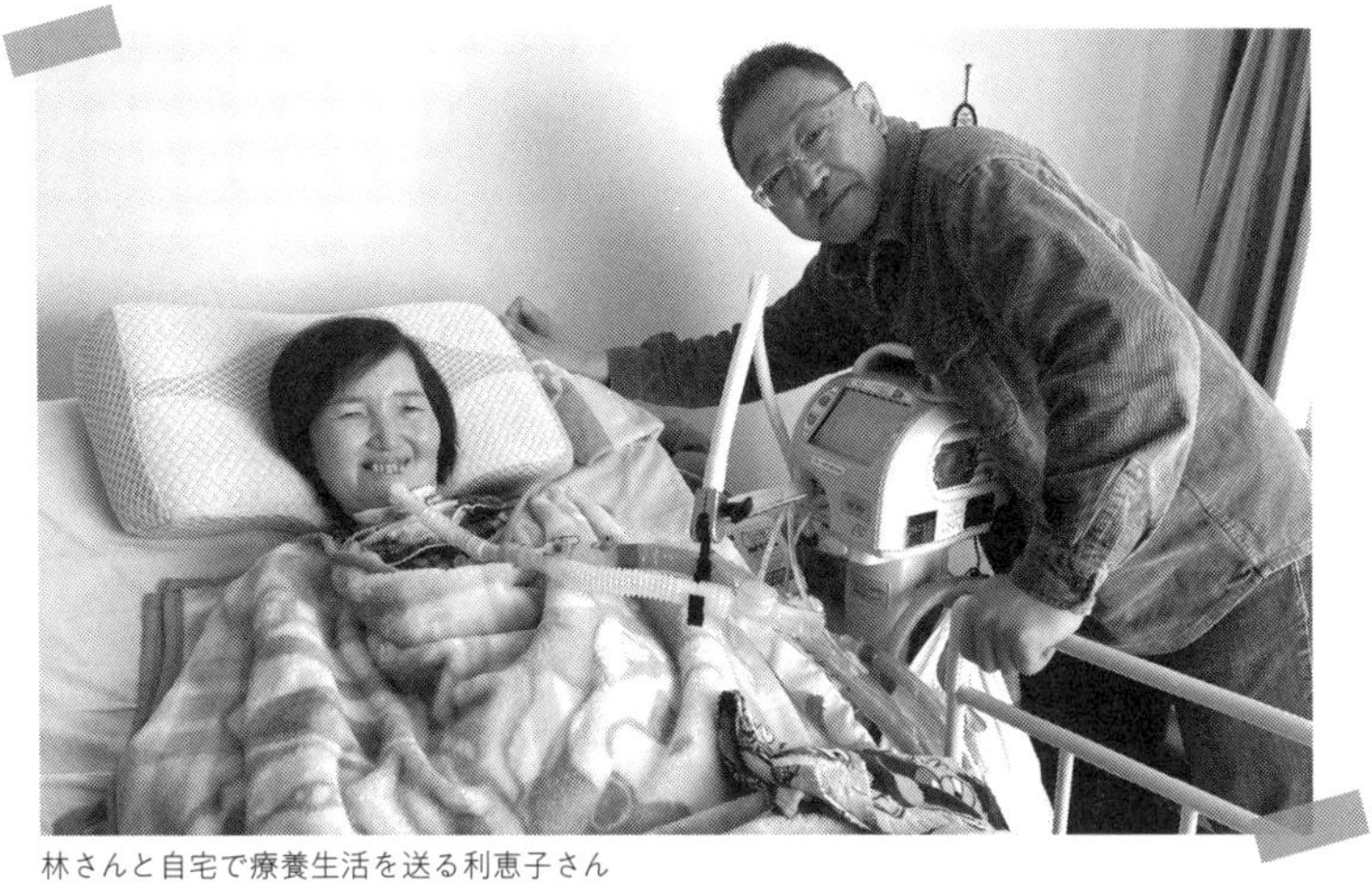
林さんと自宅で療養生活を送る利恵子さん

林さんにとってそんな利恵子さんはずっとかけがえのない存在だ。

「前から感じていたのは『もし自分がALSになったら、りえは絶対に見捨てずに限界まで寄り添ってくれるだろう』という想いです。その信頼感があるから今の介護が苦にならないし、まだまだ足りてないなとも感じています」

「りえがそばにいることで、『存在する』ということの圧倒的なパワーをもらっています。倖大にとってもそうですが、たとえ病気で寝たきりであったとしても、そこにはママがいて話しかけたら微笑んでくれるというのは本当にかけがえのない関係性です」

「『いま、そこにいる』ということ自体が、りえが家族に与えてくれているパワーなのかなと思います」

取材後、私がバイトに入った夜にふらりと現れた林さんが、「ビジュアル系の頃の写真が見つかりました」と持ってきて見せてくれた。

確かに、ビジュアル系でカッコいい。それでも今の落ち着いた姿とのギャップがすごくて爆笑してしまった。「利恵子さんはこれ見てなんて言ってましたか？」と聞くと、「苦笑いしていました」と答えるのでまた笑ってしまう。

2023年10月にうちの店は開店10周年を迎える。バイオリンやギターが弾ける常連さんたちがお祝いに演奏してくれるというから「林さんも加わって演奏してくださいね」と頼んでおいた。

もしかしてビジュアル系の姿も披露してくれるだろうか。利恵子さんはまだうちの店に来たことがないという。うちの店で演奏して、お酒を飲んで楽しむ林さんの姿を、利恵子さんや倖大君も見にきてくれるといいなと願っている。

※「りえこ新聞」は2016年6月25日発行の第61号まで続いたが、体調を崩して長期入院したことをきっかけに発行を終えた。今はヘルパーを派遣している介護事業所「ホートンケアサービス」の

ビジュアル系時代の林さん

ウェブサイトで「りえこ日記」を林さんと二人三脚で連載している。ここで過去の「りえこ新聞」の文章も読める。

パウダースパイス

○ クミン・コリアンダー・ターメリック・パプリカパウダー……12gずつ
○ カイエンペッパー……3g

[仕上げ]
○ 白ワインビネガー……20~30cc
○ 塩……適量

作り方

1 レンコンは皮を剥いてイチョウ切りにし、酢水に15分ぐらいつけておく(それ以上つけると旨みが抜けるので注意が必要。15分経ったらザルにあげて水を切っておく。
2 鍋にサラダ油、ホールスパイス2種類を入れ、中火にかけて、鍋をゆすって均等に火が入るようにする。マスタードシードがぱちぱち弾けてきたら火を止め、レンコンを入れる。ここで軽く塩で味をつける。
3 2、3分、木べらで混ぜながら中火で炒める。
4 レンコンに火が入ったら、トマトソースとニンニクのみじん切りを入れる。
5 鶏のブイヨンを入れる。軽く数分煮込む。水分で軽くシャバシャバしている感じ。
6 パウダースパイスを入れ、2~3分煮て、スパイスがペースト状にレンコンに絡みつく状態に持っていく。香りが立ったら、塩分をチェックして調え、白ワインビネガーを入れる。尖った酸味を演出したい。クミンの香りとトマトの旨みとレンコンのシャキシャキ感と酸味と塩分がジャストミートしていれば完成。ジャストミート感がわからなければ、まずはうちの店に食べに来てください。

recipe

レンコンのスパイス煮込み

材料（10人前）

- レンコン……1kg
- 酢水……適量
- トマトソース……250cc
- サラダ油……100cc
- ニンニク（みじん切り）……50g
- 鶏のブイヨン……100cc程度

ホールスパイス

- クミンシード……5g
- マスタードシード……5g

Chapter

10

バイト仲間の卒業写真

春は別れの季節である。

私とほぼ同時期に働き始めたアルバイトのコイズミ君が、就職のため2023年の春、バイトを卒業した。

この文章を私はバカみたいに泣きながら書いている。寂しいのだ。これまで記者の仕事でもたくさん別れを経験してきたが、バイトでこんな深い人間関係が結べるとは思わなかった。

そんな店で働けることを改めてありがたく思っている。

先にも紹介したコイズミ君は当時大学4年生で、働き始めた2022年8月には大手メーカーの営業職として就職することも決まっていた。翌年の3月末にはバイトを辞めることは最初からずっとわかっていたことだ。

でも、最終日が近づくにつれ、やはりだんだん寂しくなってきた。

以前にも書いたが、夜の営業は通常シェフとホールスタッフ一人の体制なので、私とコイズミ君が一緒に店で働くのは、複数のホール担当が必要なパーティーが入った時ぐらいだった。

しかし、私もコイズミ君もプライベートでよく店に遊びに来る。食べ物も飲み物も美味しいし、なんといってもシェフやバイト仲間、常連さんたちと過ごすのが楽しいからだ。そんな時にはコイズミ君と私は互いに歓迎し合うし、私がワインのボトルや少し多めの食べ物を注文した時はおなかをすかせた2人におすそ分けする。

店が混んでいて忙しそうだなとわかると、客として来ていてもお互い自然に手伝うのが当たり前のことになっていた。

店の営業が終了し、片付けを終えた後、もう終電がなくなったシェフとコイズミ君と3人で呑みながら語り合う時間もとても楽しかった。

仕事の話から、プライベートな話から、下ネタまで、時には真剣に議論し、時には爆笑して、一緒の時間を過ごして来たのだ。

第12章で改めて書いているが、私がシェフと呑みながら激しく口論した時も、何度も仲裁してくれたのがコイズミ君だ。

「僕は店長の気持ちもわかるし、岩永さんの気持ちもわかります。でも二人が仲良く働いてほしいと思っています！」と、真っ直ぐな目で言われると、燃え盛っていた心が少し落ち着いてくる。

シェフに叱られて私が落ち込んでいる時も「岩永さんのことを店長はすごく評価してます。いつも感謝してますよ」と励ましてくれる。

シェフと大げんかして気まずくなった時に、私がＬＩＮＥで相談していたのもコイズミ君だった。

「昨日、シェフ大丈夫でしたか？　私も言い過ぎたと反省しています」とコイズミ君にメッセージを送ると、「全然大丈夫だと思いますよ！　むしろ本音を聞けて嬉しかったんじゃないですかね。これからもパスタ・エ・ヴィノ・ケイを盛り上げていきましょう！」とフォローしてくれる。

どっちが年上なのかわからない感じだが、私がこの店で働き続けられたのはコイズミ君のおかげと言っても過言ではないのだ。

ディナーの時間だけでなく、平日のランチでも働いていたコイズミ君は、その明るい性格と誠実な働きぶりで、昼間のホールを取り仕切っているマダムの康子さんからもとても好かれていたようだ。ご飯を作ってもらったり、料理の作り方を教えてもらったりなど、家族のように可愛がっていてもらっていたらしい。

そしてもちろんシェフは、素直で気遣いもでき、仕事もしっかりできるコイズミ君のことが大のお気に入りだった。

仕事の時間以外でも何かにつけて近所に住むコイズミ君を呼び出し、一緒に過ごしたがる。前にも書いたが、飲みに連れていったり、バッティングセンターで勝負をしたり、仕事のボス・部下以上の絆を築いていた。

コイズミ君がいないところでも、「コイズミはいいやつだよな」「あいつみたいなバイトはなかなかいないよ」と優しい目をしていつも褒める。

コイズミ君の方も、私と二人で話す時、シェフに対する強い思いを度々語っていた。

「僕は店長のことが大好きなんです。こんな素敵な店だとわかっていたらもっと早くから働けば良かった」「本当に店長ってすごい人ですよね。あの仕事ぶりは誰も真似できないですよ」「店長の魅力でこの店は成り立っていますよね」

最終日が近づくにつれ、シェフにも直接、感謝の言葉を度々伝えていた。

「僕は、この店で店長と一緒に働けたことが学生生活の中で一番大切な思い出です！　店長と出会えて本当に良かったです！」

　そんな風に真っ直ぐに言われて、シャイなシェフは寂しそうに目を伏せることが増えた。

　そんなコイズミ君は3月24日、大学の卒業式を迎えた。その日の夜にバイトに入っていた私は、昼間、卒業式の帰りにコイズミ君がスーツ姿で店に挨拶に来たとシェフから聞いて「あぁ、晴れ姿を見たかったなあ」と思っていた。

　すると、夕方からバイトに入って少し経った頃、コイズミ君がまた店に寄ってくれたのだ。所属していた大学の野球サークルの追い出しコンパに出る前に顔を出してくれたのだという。

「岩永さんと一緒に働けて本当に楽しかったです！　おかげで充実した学生生活を送れました。本当にありがとうございました！」

　そんなことを言われたら泣けてくる。

「スーツ、よく似合ってるね。あなたは身長が高くてハンサムだからなんでも似合うよね。あ、でも七五三感もあるな」

　そう軽口を叩いて、泣けそうになるのを一生懸命抑えた。

スーツを見せに来てくれたコイズミ君（真ん中）と筆者（左）と常連の千葉さん（右）

3月30日のコイズミ君のバイト最終日、私は午後7時過ぎに店に行った。明確には知らされていなかったが、おそらくこの日の営業終了後に送別会をやると思ったからだ。

実際、店に入ると3つのテーブルがくっつけられ、送別会用に席がキープされていた。常連さんも何人か駆けつけてくれるという。私も「送別会はいつ？」と尋ねられていた常連さんたちに声をかけ、最終的には6人集まってくれた。

「過去にバイトが卒業する時、こんなに常連さんが集まってくれたことはないぞ」とシェフは言う。

ワインが何本も空き、結局、送別会は朝の4時半まで続いた。

明け方になって疲れたシェフがうとうとし

始めた。コイズミ君はシェフのために「最後のベッドを作ります！」と言う。いつものように店の椅子を組み合わせてシェフが仮眠するベッドを作り始めた。

敷布団を敷いて掛け布団をかけ、シェフがベッドに倒れ込んだ時、枕をおこうとベッドの上に乗ったコイズミ君の背中を私は押して、シェフの寝ている脇に倒れ込ませた。

コイズミ君は「店長！　これまで本当にありがとうございました！」と言ってシェフを抱きしめた。シェフも私たちに顔を見せないようにしてコイズミ君を抱きしめ返した。

その二人の姿を写真に撮りながら、私は笑い、泣けて仕方なかった。

翌朝、10時頃起きると、コイズミ君からＬＩＮＥのメッセージが届いていた。

岩永さん

8ヶ月間本当にお世話になりました。

岩永さんの「あなたならどこに行ってもきっと大丈夫」「私たちはコイズミ君の味方だから」という言葉が凄く心に残っています。

岩永さんのこの言葉を思い出すと、なんだか不思議と勇気が湧いてきて、本当に自分でも出来るんじゃないかと思えてきます。

きっとこの言葉はこれからも僕の背中を押し続けてくれると思います。

バイト日記に登場できたこと、店長と3人で夜遅くまで語り明かしたこと、沢山の思い出を本当にありがとうございました。

また会う時までくれぐれもお体に気をつけてお元気でいて下さい！

コイズミ君のLINEより（本人の許可を得ています）

これを読んで、私はまた朝から号泣である。声をあげておんおん泣いた。

仕事は生活の糧を得るためのものではあるけれど、それだけじゃない。生きがいを得たり、かけがえのない人間関係を築いたり、自分の大切な居場所になったりすることだってある。

シェフもそんな人だが、コイズミ君が素の姿でみんなの懐に飛び込んできてくれたおかげで、私も素の自分でぶつかり、コイズミ君やこの店がかけがえのない大事な人、大事な居場所になったのだ。

コイズミ君、これまで本当にありがとう。あなたならきっとどこでも可愛がられるし、どこでも活躍できる。

でも疲れたら（疲れなくても）、この店にいつでも寄ってね。あなたを心底可愛がっていたシェフやマダムを初め、私たちスタッフやこの店はあなたをいつでも待っているから。

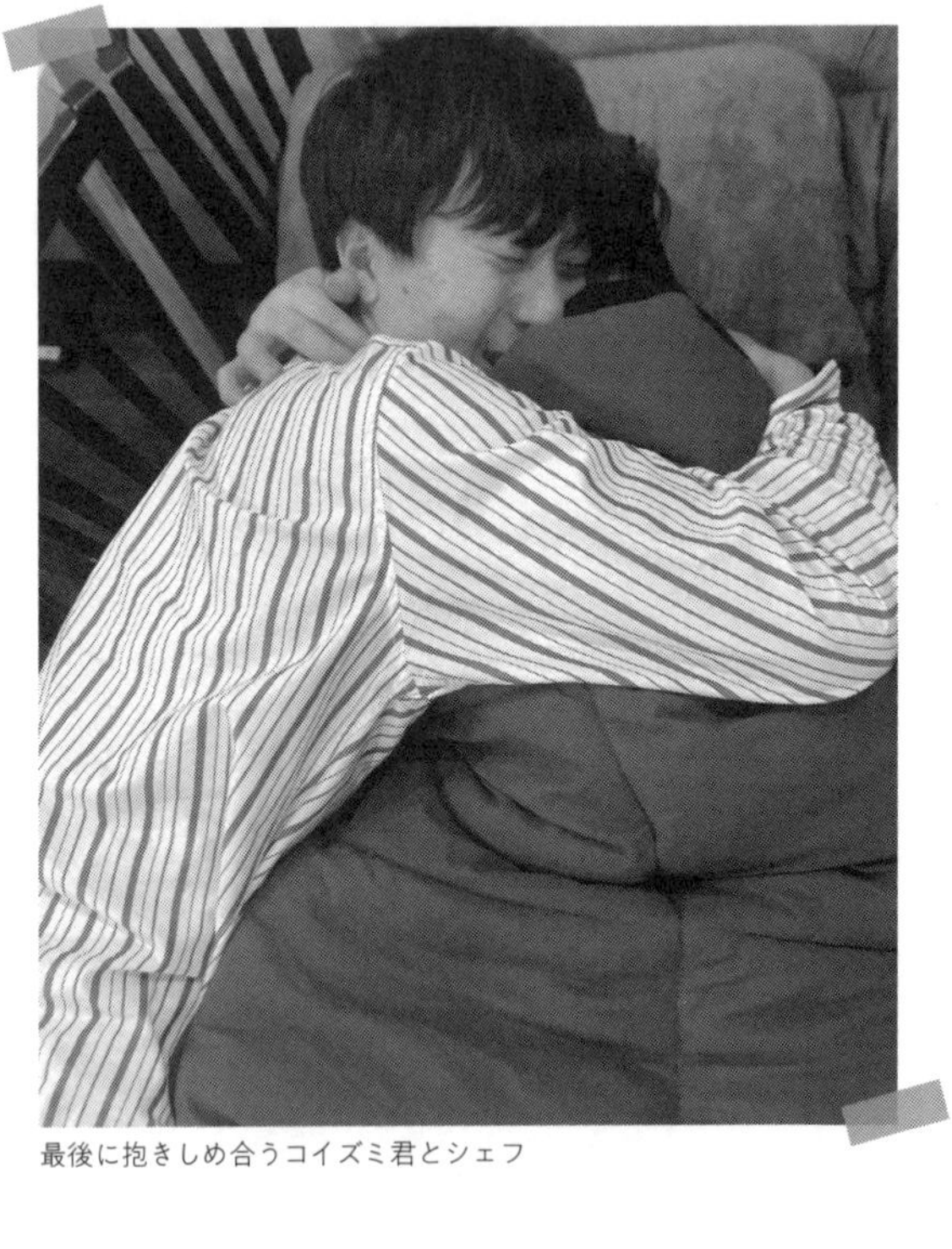

最後に抱きしめ合うコイズミ君とシェフ

Chapter

11

シェフが「I LOVE YOU」を捧げる人

普段、店のホールの仕事や経理などを取り仕切っているのはシェフの妻、康子さんだ。管理栄養士の資格を持ち、コロナ禍での感染対策も中心になって取り組んだ。

日中は記者の仕事をしてディナーの時間しか入っていない私はなかなか接点を持てていない。でも、LINEグループでの指示や連絡、そしてシェフの話を通じて店になくてはならない存在だということはもちろん知っている。

改めてお話を聞いてみると、「夫の夢を支える糟糠の妻」という一昔前の感動物語には収まらない夫婦の、リアルな物語が見えてきた。

二人の出会いは、シェフが大学を卒業して、調理師専門学校に入った22年前に遡る。講師として教壇に立っていた一つ年上の康子さんにシェフが一目惚れ。シェフから猛アタックを繰り返されて、押しに負ける形で付き合うことになったそうだ。

「すごくアピールしてくるな、という感じでした。押しが強かったので、私もそのうち応

ランチのホールや経理を取りしきる康子さん

じたのでしょうね。もう覚えていませんが……」

その後、5年ほど付き合い結婚した。

その結婚披露宴の動画を深夜、私やバイト仲間だったコイズミ君はシェフに見せてもらったことがある。

今よりずっと若い二人がドレスとタキシードを着て寄り添い歩く。初々しい姿に「おお〜、美男美女ですね」と私が言うと、シェフは「俺はともかく、うちの奥さんは綺麗だよ」とストレートにのろけた。

結婚17年も経った妻を、こんな風に人前で褒めることのできる関係は素敵だなと思ったものだ。

この結婚披露宴の動画で、印象的なシーン

があった。

最後の新郎挨拶で、「いつか自分の店を持ちたい」とシェフが宣言したのだ。その時、隣にいたのが康子さんである。

その頃、シェフは専門学校を卒業し、銀座のインド料理店で修行をしていたはずだ。そばにいた康子さんはシェフの夢をどんな気持ちで聞いていたのだろう。尋ねてみると、意外な答えが帰ってきた。

「実は私は独立にずっと反対していました。店を持ちたいという話は聞いていたのですが、結婚予定日が迫っていくうちに、現実を考えると生活していけるのかすごく不安になったのです。『もし独立を考えるなら、結婚も考え直したい』と伝えていたほどです」

そんな話し合いをして、康子さんにとっては立ち消えになったはずだと思っていたシェフの夢。披露宴の挨拶で突然、人前で宣言するのを横で聞いて、「話が違うぞ！」と思っていたのだという。

「みんなにはいい話に聞こえていたかもしれません。でも、私は内心『え!?』と思っていました」

結婚後、間もなく一人息子を授かり、介護施設に転職していた康子さんは仕事を辞めて専業主婦になった。

「飲食店で働いて夜遅い夫に育児への参加は望めなかったし、一人職場だったので育児と両立するのは無理かなと思って諦めたんです」

その後、インド料理店からピザ専門店、イタリア料理店と場所を変えて修行を重ねたシェフは、子供が小学校に上がる頃、独立に向けて本格的に動き出す。

「それはもう反対しましたよ。急に何？　って。その数年前から話はされていたのですが、私はずっと反対していました。子供もいるのに、生活をどうするの？　と。そのうち何を言っても私が反対するだろうと思ったのか、夫は何も言わずに物件を探してきました」

「私は話を勝手に進められて腹を立てていました。納得していないのに『こういう風にするから』とだけ言われて、始まってしまった。もうやるしかなくなった、という感じでした」

康子さんは家事、育児を一手に引き受けており、自分のペースで働き始めようと考えていたタイミングでもあって、店を手伝うつもりはなかった。でも、2013年10月のオープン時にホールで働けるスタッフは一人しかおらず、なし崩し的に手伝うことになった。

「子供が小学校に上がったばかりでしたから、学校から帰る時間には間に合うようにランチが終わったら急いで帰っていました。夜も人手不足で大変な時には入っていて、近所のママ友にお願いして子供を一晩預かってもらったこともありました」

康子さんにはもう一つ、モヤモヤがある。管理栄養士という国家資格を持っているのに、店を手伝うことでそれが活かせないという葛藤だ。

2015年から新型コロナウイルス感染症が流行する直前までは、管理栄養士としていわゆる「メタボ健診（特定健診）」に引っかかった人に栄養指導などをする「特定保健指導」の仕事を店と掛け持ちしていた。

自宅に帰っても夜遅くまで報告書を書いたり、対象者に電話をかけて指導したり、店の仕事と両立するのは大変だった。でも充実していた。

「私の拙い話でも『知ることができて良かった』と言ってもらえたり、初めはつまらなそうな顔で聞いていた人が『面白かった』と興味を持ってくれたりした時は、本当に嬉しかった。自分の勉強したことを直接的に活かせて、仕事をした分きちんとお給料をもらえることも単純に嬉しかったです」

「生活習慣病予防は社会的にもとても大切ですし、専門性を活かして社会とのつながりが持てた気がしました。子育てで閉鎖的だった世界が広がったと、生き生きしていたと思います」

だが、その掛け持ちの仕事も店の人手不足が続く中、断念せざるを得なくなった。

「『1件だけ担当するのでも構わないから続けて』とは言われたのですが、店の方が忙しくなるとやはり掛け持ちは難しい。そのうちコロナが始まって、さらに人手不足や経営状況が厳しくなりました。店に専従せざるを得なくなったのです」

働く女性の一人として、康子さんの葛藤はとてもよく理解できる。もし、私が夫に「記者の仕事を辞めて自分の仕事を手伝ってくれ」と言われたらどうだろう。支えたい気持ちはあっても「私には私の生きがいがあるから」と伝えるだろう。

でも、現実問題として康子さんがいないとこの店は営業がストップしてしまう。さらに飲食業界は慢性的な人手不足で、従業員の募集をかけてもなかなか応募が来ない。難しい問題だなと考え込んでしまった。

やりがいのある専門職としての仕事ができない。店の仕事は我慢してやっている。でも家を出ていくこともできない――。

康子さんがそんな悶々とした気持ちを切り替えたきっかけがある。

新型コロナの流行が始まったばかりのその日も、ランチタイムのホールに入って忙しく働いていた。

「ずいぶん受け身な人生だなと、そんな自分に嫌気がさしていました。でも夫を心から応援して支えていこうとか、そんな綺麗事も思いつかない。じゃあ自分の良いところは何だろうと考えた時、責任感が強いことだと気づいたのです」

「ああ、この人と結婚した責任を取るんだ、と思ったら腑に落ちました。少し能動的になれたと思えて、『仕方ない、やるかー』と、店のテーブルを拭きながら泣くのをこらえたことを覚えています」

結果的に、客が減ったコロナ禍で身内がシフトに入り、人件費をかけずに済んだのは店を維持するのにプラスに働いたと自負している。

「潰れる店もたくさんあった中、家族である私が専従で入っていたことで生き延びられたところもありました。それは良かったと思います」

妻としては、深夜まで仕事に追われるシェフが、店から片道1時間かかる自宅に滅多に帰ってこられなくなったのは寂しいことだ。

「雇われ人だった時は家事や育児はしないまでも毎日帰っていましたし、休日に家族で出かけることもできていました。コロナの2年ほど前までは若い正社員がいて、仕事をある程度、任せて帰ることもできていたのですが、コロナ後は特に人手不足です。仕入れや仕込み、片付けを一人でやらなければならず、ほとんど帰れなくなりました」

一人ですべてを背負う夫の体も心配だ。

「できれば仕事が終わったら家に帰って、お風呂に入って、ゆっくり寝てほしい。休みの月曜日も家で夕飯を食べてほしいのですが、唯一の自由時間で知り合いの店に飲みに行ったりするのを大事にしているようなので、なかなか難しいですね」

シェフは店が混んで忙しくなってくるとピリピリし、一緒に働く我々スタッフに対して言葉がきつくなる時がある。

そして、一番気を遣わない存在である康子さんに対する言葉遣いはなおさら厳しいようだ。一度、当たり散らしたシェフに腹を立てて、営業途中で店を出て行ったことがあるとも聞く。

「『帰ろ！』と思って店を出たのですが、結局、公園でクールダウンして店に戻りました」

そんな風に妻に当たった日、シェフは「今日は忙しくて、奥さんに当たって悪いことをしたな。甘えているんだよな」と落ち込んでいる。「直接、奥さんに言った方がいいですよ」と言っても、昭和生まれの亭主関白だからか、なかなか言わないようだ。

実際、康子さんはシェフから感謝や謝罪の言葉をほとんど聞いたことがない。

「別にありがとうと言ってほしいわけではないから、謝ってほしい。絶対に謝らないんですよ。もうちょっと『こうやってくれたら助かるな』とか、ものの言い方を工夫してくれるだけで、こちらも気持ちよく働けるのに」

家庭を顧みずに仕事に没頭する夫に複雑な思いを抱いても、仕事人としては敬意を抱いている。

「よくやっているなと思うのは、人の顔や名前をしっかり覚えていること。何年も前にきたお客さんの顔を覚えているだけでなく、名前まで出てくるのがすごいことですよね」

仕事へのこだわりぶりも、素直に感心している。

「何に関しても『なんでもいいや』とはならない人ですね。『これはこうだから』というこだわりを貫いているから、それはすごいなと思います。でもそのこだわりに周りは巻き込まれて苦労するのですが（苦笑）」

そんなシェフ一家はこの4月初め、定休日と合わせてやっと1日だけ休みをとって家族で1泊2日の温泉旅行に出かけた。互いの実家に帰省する以外は、房総半島に出かけて以来、5〜6年ぶりの家族旅行になる。

「子供も大きくなってきたから一緒に旅行に行く機会がなくなっちゃうよと説得しました。世話はしなくても、お父さんとして子供をとても可愛がっています。見た目もそっくりですしね。最近、中身も似てきたのが心配ですけれど（笑）」

夫に今、最も望むことは、もう少し健康に気遣ってほしいということだ。

「お酒を控えて体を大事にしてほしい。体が資本の仕事なんですから。私の言うことは聞かないんですけれども、体がダメになったらお店も続けられなくなっちゃうよ、と伝えたいですね」

店は2023年の10月で10周年を迎える。

「よく保ったなと思います。私は今後、できれば管理栄養士としての仕事もしたい。店にまったく関わらないわけにもいかないのでしょうけれども、せっかく資格を持っているのですから。『自分が我慢すればいいや』とやりたいことを諦めるには、残りの人生は長くない。やりたいことも諦めずに時間を使いたいのです」

趣味の音楽にかける時間も譲れない。学生時代から続けているサックスをブラスバンドで演奏するのが大好きなのだが、毎週の練習がランチの時間とかぶるため、月に2回参加できればいい方だ。

「先日も、『練習に行かせろ』と夫とケンカしました。『人がいれば行ってもいいよ』と言われるのですが、最低、月2回は練習に参加するのが私の中のボーダーラインです。最後の砦なんです」


先日、バイオリンが得意な常連の小久保さんがギターを弾ける友人と店でミニ演奏会を開いてくれた後、その生伴奏でシェフが得意の歌を披露したことがあった。

尾崎豊の歌を気持ちよさそうに歌っていたシェフは「『I LOVE YOU』を歌ってくださいよ。誰に捧げますか？」とその小久保さんに言われ、急に真面目な顔をしてこう言った。

「I LOVE YOUを捧げるのはうちの奥さんしかいないよ。目の前に奥さんがいないと歌えないな」

店の10周年には、楽器が得意な常連さんたちに声をかけて、店で生演奏をしてもらって祝えないかという話をゆるゆるとし始めている。

「康子さんもサックスで参加するのはどうですか？」と聞いたら、「いいですね！セッションしたいかも」と乗り気になってくれた。

私はただのアルバイトに過ぎないが、そこでシェフに康子さんの目の前で「I LOVE YOU」を歌ってもらえないかと願っている。言葉に表すことができないのならば、せめて歌で妻に感謝と愛情を伝えてほしい。

この店を愛する一人として、この場所を踏ん張って守ってきてくれた二人が笑顔で10周年を迎えてくれることを祈っているから。

Chapter

12

叱られても、
へこたれない方法は？

私がこの店でアルバイトを始めて10ヶ月が過ぎた。一通りの仕事には慣れ、自分ではそれなりにホールを回せるようになったと思っていたのだが、シェフから見ればまだまだ足りないところが多い。

厳しい注意や叱りつける声に、悩みながら働いているのが実情だ。

私は平日にフルタイムで記者として働いているので、これまでは休日の土曜日のディナーだけアルバイトに入っていた。

ところが2023年3月には、これまで会社を経営しながら金曜日のディナーの接客だけ手伝っていた男性が、本業が忙しくなって抜けることになった。また、調理補助のアルバイトのコウタ君が日曜日のディナーに入れなくなってしまい、さらに、ホールの主力選手だった大学生のコイズミ君が就職のため、3月いっぱいで辞める時が近づいていた。

一気にホール担当に空きが出てしまうことになり、このままでは水曜日、土曜日以外のディナーの時間は、ほとんどシェフのワンオペとなってしまう。2月末からバイトの募集をかけ始めたが、一向に応募はない。

シェフが困り果てる姿を見て、「じゃあ臨時的に私が入りますよ」と申し出た。3月から特にお客さんが多い金・土・日の週3日、ディナーに入ることになった。

私としては、本業を抱えながら無理をして協力しているつもりで、「きっと感謝してくれるだろう」ぐらいに思っていたのである。

ところが、週3日入るようになってシェフの期待値が上がったのか、厳しく叱られることが増えてきた。ちょうどコロナ対策の緩和が進む時期とも重なり、週末のディナーがこれまでになく忙しくなってきたこともあるのだろう。

ほぼ満席の店内で、注文を取り、飲み物を出すだけでもてんてこ舞いな中、お客さんに料理をスムーズに出すために、ホール担当は簡単な調理補助も阿吽の呼吸でさばかなければならない。

カルボナーラの注文が入れば、絶妙なタイミングで卵を割って卵黄を3つ用意し、「カチョ・エ・ペペ」というチーズと胡椒のきいた濃厚なパスタの注文が入れば、2種類のチーズを大量にすり下ろす。揚げ物の注文が入れば、皿に紙を敷きタルタルソースや岩塩を配置する。

パスタの仕上げでは、盛り付ける際に皿の縁に飛び散ったソースを拭き取り、メニューごとに決まった黒胡椒や白胡椒、ピンクペッパー、トリュフオイル、小ネギ、ルッコラなどを散らす。サラダや前菜の仕上げを手伝い、簡単な前菜なら自分で盛り付けて出す。そんなことをシェフの指示を待たずにこなさなければならない。

だが、それを間違ったりタイミングが遅れたりすると、注文が積み重なってピリピリしているシェフから厳しく叱られる。

少し余裕のある時だと必要以上の丁寧語で「こうやってくれって言いましたよね？　なぜ言われた通りにやれないんですか？」「もう何ヶ月も働いているのになぜ覚えられないんですか？」などと言われる。さらに忙しくなってきてシェフのストレスがマックスになってくると、「馬鹿野郎！」「バーカ！」「もうやらなくていいよ！」「手を出すな！」などと怒鳴られる。

先回りして用意すると「それが仇になってるんだよな！」と言われ、わからないことを質問すると「質問するぐらいならやらなくていい！」と言われ、自分の判断でやろうとして意に沿わないと「わからないなら聞け！」と言われる。

注文が重なってピリピリしているシェフは時折声を荒げる

「コイズミやコウタは普通にできていることを、なぜできないのかな」などと、他のスタッフと比べられるのもつらかった。

普段のシェフはむしろ陽気で、営業中も料理の余った切れ端を食べさせてくれたり、おどけて笑わせてくれたりと優しい人だ。だからこそ、このギャップに余計ショックを受けてしまった。

私は長年、古い体質の新聞社で働いていたこともあり、上司から怒鳴りつけられるのは慣れていると思っていた。

特に新人時代は上司に叱られることが仕事のようなもので、「辞めちまえ！」「馬鹿野郎！」「お前この仕事向いてねえよ！」などと罵倒されるのは日常茶飯事。時には無視され、物を投げつけられもしたが、転職まで20年間働き続け、典型的な昭和のブラック職場を生き延びてきた自負があった。

だからバイト先でも最初は、私の要領が悪いから叱られるのだし、普段は優しく仕事ぶりは尊敬できるシェフなのだから、この怒鳴り声にも慣れようと思っていたのだ。

だが、こんな日々が続く中、いつものように店に出勤する道を歩いていた時、「また今日も怒鳴られるのか……」と気持ちが重くなっているのに気がついた。普段、客として外食している時、スタッフを怒鳴る声が客に聞こえるような店は嫌だと感じていたことも思い出した。

自分がプロとしての仕事ができていないのだろうが、それまでの週1回のバイトはお客さん扱いだったのだろうか。でも叱られると身がすくんで慌ててしまい、余計に指示が頭に入らなくなる。緊張してミスも増える。

バイト不足に悩む店をフォローしようと思ってシフトを増やしたのに、余計にシェフをイラつかせているなら本末転倒ではないか。

忙しかった3月のその日の夜、またも怒鳴られまくった営業が終わった。営業後、ワインを飲んで酔った勢いもあり、私はシェフに直談判をした。

声を荒げられると余計慌ててしまってミスが増えるので、やめてほしい。私は本業だけで生活できるけど、ここが楽しいからバイトを続けてきたのに、つらいことが増えるとなぜここで働いているのかわからなくなる。だいたい私はただのアルバイトにしか過ぎないのに、なぜそこまで求めるのか。

そんなことを伝えると、シェフは「自分だって叱るのは嫌なことだし、不愉快だ。でも正直、岩永さんの仕事ぶりはまだもの足りない。それなら鍛えて、できるようになった方が自分だって楽しくないですか？　社員だってバイトだって仕事の質は関係ないでしょう？」と答えてきた。

確かに鍛えてもらうのはありがたいことで、相手に対して「もっとできる」という期待があるからこそ叱ったり注意したりするのはわかっている。でも、怒鳴りつけられたら気が動転してしまうし、互いにピリピリして店の雰囲気も悪くなる。怒鳴り声が聞こえればお客さんも不愉快だろう、と反論したと思う。

そのうえで、私は勢いに任せて禁じ手を使った。

「週3回働くようになって明らかにシェフがイライラすることが増え、私も楽しくなくなった。それなら元の週1回に戻してほしい。私は無理して休日を潰し入っているのだから、それなら他のもっと動けるスタッフに入ってもらえばいいじゃないか。良かれと思って週3

回にシフトを増やしたけれど、それが裏目に出ているなら元に戻りたい。シェフはどうしたいんですか?」

私が元のように土曜日だけ働くようになったら、金曜、日曜はワンオペになって店を回せなくなる。他のスタッフも夜に入れない事情があるのはわかっていた。募集をかけてもなかなか応募がないのも知っていた。

それを承知のうえで、「もう手伝わないよ」とシェフを脅したのだ。こうやって文章に書くと、人の弱みにつけ込む自分の意地悪さがわかって私もつらい。だいたいバイトだからといってレベルの低い仕事ぶりでいいだろうと開き直るなんて、私自身が一番嫌いな態度だ。

シェフは「わかった。これからは気をつける」と沈んだ顔をして、「これまで通り金土日に入ってください」と私に頭を下げた。伝わったのかもしれないが、私は満足するどころか居心地の悪い気分になり、自分も心に擦り傷を作ったような気持ちになった。

次のバイトの日、シェフは私にまったく調理補助を頼まなくなった。私がパスタの仕上げを手伝おうとすると「自分でやりますからいいです」と遮る。ホールの業務であるドリンク作りさえも、料理を作りながら手出しするようになり、何か注意する時は気持ち悪いほどの優しい声色で、「僕はこうした方がいいと思いますけどね!」と作り笑顔をするようになった。

「もうお前には何も期待しないよ。自分でどうにかするよ」という意思表示である。それもそれで子供じみている。

「そういうことじゃないんだけどな……」

と違和感を覚えながら、終始ギクシャクしてその日の営業を終えた。


その後はしばらくシェフの態度は変わらなかった。コイズミ君がバイトに入っていた夜に私が店に食べに行った時のことだ。

営業を終えて3人で深夜まで飲んでいる時、モヤモヤがずっと胸に燻っていた私は、またシェフの態度について蒸し返した。

「こういう極端な対応を求めているわけじゃない。叱ることはあっても当然だけど、怒鳴らないでくれと言っているだけじゃないですか!」

酔っている勢いもあって激しい口論になり、一緒にいたコイズミ君が「僕は店長の気持ちもわかるし、岩永さんの気持ちもわかります! でも二人が仲良く働いてほしいと思っています!」と仲裁に入ってくれたのは、前に書いた通りだ。

「シェフがそんな態度だからバイトが続かないんだ！　そんなことじゃ誰もついていかない！」「だいたいお客さんに聞こえるように怒鳴るなんてお客さんに失礼だ！　いつも『お客さんのために』と私たちに言ってるくせに！」

酔いに任せて次々に言いたいことをまくし立てると、驚くことが起こった。

じっと私の顔を見ていたシェフの目からツーッと涙がこぼれたのだ。

私もコイズミ君もすっかり慌ててしまった。

「え？　どうしたの？　なんで!?」

ナプキンやティッシュを渡すと、シェフは「自分でもよくわからない」とうつむいて、溢れ続ける涙をふいている。

自分は限界を超えて働いているのに、バイトは思うように動いてくれないし、不足するスタッフも確保できない。そのうえバイトに批判されて、コップの水が溢れるようにストレスが限界を超えてしまったのだろう。そこまで私がシェフの心を追い込んでしまったのだ。

なんだか急に申し訳ない気持ちになって、コイズミ君と一緒にそそくさと帰ろうとした。

でもシェフはコイズミ君だけ「残ってくれ」と肩を抱いて呼び止めた。その後、またしばらく二人で飲んでいたらしい。

翌朝、コイズミ君に「昨日、シェフ大丈夫でしたか？　私も言い過ぎたと反省しています」とＬＩＮＥで相談したのは既に書いた通りだ。

私は悩んだ。このままだと私もシェフもストレスを溜めたまま、ギスギスした関係が続く。

私が辞めた方がいいのか。でも新しいバイトが入らないまま辞めると店も困るだろう。それに、私はこの店が嫌いなわけじゃないし、むしろ好きなのだから働き続けたい。じゃあどうすればいいのか。

言葉を使う仕事をし、読書が趣味であるため、私は、困った時はたいてい関連する本を読んで何か解決につながるヒントはないか探る。

「怒鳴る指導はやめてくれ」と激しい口論をしてシェフを泣かせた翌週、偶然Twitterで流れてきたのがその本だった。

『なぜ星付きシェフの僕がサイゼリヤでバイトするのか？　偏差値37の僕が見つけた必勝法』（村山太一著、飛鳥新社、２０２０年）だ。「シェフ」「バイト」と、その時、気になっていたキーワードが盛り込まれたタイトルが引っかかり、kindle unlimitedでレンタルした。1時間ほどで一気読みした。

ミシュランで一つ星を得ていたイタリアン「レストランラッセ」(2022年8月閉店)のオーナーシェフ、村山太一さんが経営に行き詰まり、経営の効率化を学びに、いちアルバイトとしてサイゼリヤで働いた体験記だ。

そのアルバイト部分ももちろん面白かったのだが、私はむしろ村山さんの修行時代、師匠との関係を描いた部分に興味を引かれた。

特にイタリアの3つ星レストラン「ダル・ペスカトーレ」で修行した時のシェフ、ナディア・サンティーニの有様は凄まじい。

村山さん初出勤の日、すべてのスタッフを壁際に立たせたシェフは、「あなたたちがまた失敗したら、あたしは首をかき切るわ!」と自分の喉元に包丁を突き立てながら怒りを爆発させたそうだ。怖い。怒鳴るどころの騒ぎではない。

だけどこのシェフは見込みのない人に対しては怒りもしない。

ナディアはたまに爆発しますが、ほとんどの場合、怒ってもくれません。自分のレベルに達しない人は無視され、自分から辞めるように追い込まれていきます。

『なぜ星付きシェフの僕がサイゼリヤでバイトするのか？　偏差値37の僕が見つけた必勝法』

「怒ってもくれない」つらさもあるのだ。

「叱られる」「怒られる」というのは成長のきっかけを与えてくれる苦い薬のようなもので、修行中の身にとってみればある意味、恩恵なのかもしれない。

もちろん叱らず、怒らずに素晴らしい指導ができる師匠もいるのだろうけれど。

さらに、村山さんがパン粉を挽いても、デザートを作っても、シェフはまったくOKと言ってくれない。どこが悪かったのか指導もしてくれず、ただ無言で作り直すだけだった。

これもはたから見るとつらそうだ。

困り果てた村山さんはシェフの動きを詳細に観察し、完全コピーを目指していく。


ナディアと一体化する。これが求められているんだなと思いました。僕はもう変態かってくらいに徹底的にナディアを観察しました。

手や指の動き、フライパンを振る角度などはもちろんですが、まばたきや呼吸する回数までを見ていました。そうすると、盛り付けをする瞬間に息を止めたり、呼吸回数が上がる瞬間などがわかり、その後ろにある感情も推察ができるようになっていきました。

『なぜ星付きシェフの僕がサイゼリヤでバイトするのか？　偏差値37の僕が見つけた必勝法』

完コピに徹した村山さんは3ヶ月ほどで「やっとわかったわね」とシェフに認められ、最終的にはシェフの出張中、1週間店を任されるほどまで信頼を得る。スタッフに店を任せることはそれまでなかったそうだ。

この完コピについて、村山さんが説明した文章にハッとさせられた。まさに私がシェフに何度も言われた言葉が書かれていたからだ。

ゴールまでを超速で走り抜けるためにも、やはり完コピはすぐれた方法です。(中略)皆さんも、上司から「なぜ言われた通りにやらないんだ」と言われたことがあるんじゃないでしょうか？

これは上司の指示の出し方が悪い場合もあるでしょうが、たいていは「これぐらいやらなくてもいいよね」「こうやるほうがいい」という感じで、自分なりの解釈を加えてしまっているのが原因です。ある程度経験を積むと、陥りやすい落とし穴です。

まずは言われたことを、言われた通りにやってみる。それが間違っているように見えても、です。その素直さや謙虚さが、劇的な成長を約束してくれます。

『なぜ星付きシェフの僕がサイゼリヤでバイトするのか？　偏差値37の僕が見つけた必勝法』

「素直さ」「謙虚さ」と言えば思い浮かぶのは、バイト仲間だったコイズミ君のことだ。まさに素直に、謙虚な姿勢でシェフの指示をそのまま受け止め、その通りにやる努力をしていた。だからシェフの呼吸に合った仕事ができていたのだろう。

私は記者としては25年選手のベテランだ。なまじ他の業界での実績があるから、飲食業界ではただの新人アルバイトに過ぎないのに「一から学ぶ」という素直さや謙虚さに欠けていたのではないか。だからいつまでもシェフの満足いく働きができなかったのではないか。

村山さんは一つ星レストランのオーナーシェフながら、サイゼリヤでアルバイトをする時はいち新人として先輩である高校生アルバイトらの指導に謙虚に従っていた。だからこそ、自分の店の経営に活かせる効率的な作業方法などをぐんぐん吸収し、生産性を3・7倍にアップさせることができたのだ。

なんだか色々と気づくものがあって、私はその他の一流シェフたちの修行本も次々に読んでいった。

フレンチの巨匠、三國清三さんの『三流シェフ』（幻冬舎、2022年）の修行時代の話も面白い。

三國さんも、スイスで「天才」として注目され始めていたフレディ・ジラルデの店で働いていた時のことを、「ジラルデは確かに天才で、店は天国だったかもしれない。そのかわり、厨房は地獄だった」と振り返る。

決まったレシピがあるわけではなく、その日の食材を見て即興で料理を作るジラルデは、部下に「あれを持ってこい」「これをブイヨンで茹でろ」などの簡単な指示しか出さない。三國さんたちはその曖昧な指示の下、自分の判断で下ごしらえしたその食材をシェフのもとに持っていくわけだが、その間、ずっと怒りっぱなしなのだという。

「こんなもの使えるか！」

「なんでいつも俺のほしいものがないんだ！」

「早くしろのろま、もっと早くだ、早く、早く！」

ジラルデは誰よりも自分に怒っていた。顔を真っ赤にしてわめき、攻撃し、怒鳴りつけ、歯噛みしたり、うんうん唸りながら、苦しんで、苦しみ抜きながら、料理を完成させる。料理というより苦行だ。

こっちはその怒りを全身で浴びながら、朝から地獄の中を全力疾走しているようなものだから、夕方になる頃には疲れ果てているのだけれど、それと反比例するようにジラルデの感情は和らいでいく。

ジラルデは仕事の合間にホールに出るのが好きだった。「人生でいちばん感激した」とか「あなたは天才だ」とかお客さんに絶賛されるわけだ。それは全然お世辞ではなくて、「フランス中回ったけどこんな美味しい料理を食べたことがない」といろんな人が言うのをぼくは何度も聞いている。（中略）

翌朝にはまた不機嫌に戻っているのは言うまでもない。そしてまた地獄の一日が始まる。戦場のような厨房で、ジラルデという天才の料理に対する執念が、ぼくの能力をぐいぐいと引きずり出すのを、まるで他人事のように面白がっていた。昨日はできなかったことが、今日はできるようになっている。ジラルデの無茶苦茶な要求に、苦もなく対応している自分をある日発見する。そういうことを何度も経験した。自分が料理人として成長するのを毎日感じた。

かっこいい。こんな風になりたい。

もちろん、これは一流の料理人同士の果し合いのようなもので、私のアルバイトの仕事をそのまま当てはめるのはおこがましいことはわかっている。

でもどんな職種で、どんなレベルであっても、「自分が納得できる仕事をしたい」「自分の仕事で誰かを喜ばせたい」という気持ちがあるならば、仕事に対する姿勢は共通するはずだ。

シェフの怒鳴りつけるという表現の裏にある料理に対するひたむきな姿勢、お客さんを喜ばせたいという純粋な気持ちが響くから、きっと修行中の料理人たちはそこに惹かれて食らいついていくのだろう。そして自身もありったけの自分を捧げるからこそ、昨日の自分から成長している喜びをつかみ取ることができるのではないか。

そして、数々のシェフの修行物語を読んでいると、どうも昔ながらの料理人の世界では言葉で優しく丁寧に教える方法ではなく、怒鳴りつけるやり方が一般的だったようだ。

幼い頃、明治生まれの料理人だった亡き祖父が修行した時の苦労話をよく聞かせてくれたものだが、まさにこんな感じだったのを思い出した。

料理長や先輩たちは何も教えてくれず、「目で見て盗め」と言われるばかり。失敗するとガツンとゲンコツが飛んできて、時にはフライパンで頭を殴られたと悔しそうな顔をしていたものだ。しかしその悔しさをバネに技術をぐんぐん身につけていったとも話していた。うちのシェフからも修行時代、先輩たちからよく蹴られた、先輩にいじめられたと聞いたことがある。

もちろんこれは今では時代にそぐわない指導法だ。村山シェフも三國シェフも、自分たちが受けたような厳しい指導をして、スタッフが次々に辞める苦い経験をしたことを本の中で書いている。

私は今もシェフの怒鳴りつける指導がいいとは思っていない。でもそういう世界で生きてきた人なのだという事実は数々のシェフ本を読んで理解できた。

そして、私は、うちのシェフの料理に対する真摯さ、お客さんに喜んでもらいたいという真っ直ぐな気持ちはよく知っている。シェフが誰よりも自分に厳しく、命を削るように仕事に身を捧げるのもずっと見てきた。

きっとシェフは、自分の料理人としての真剣勝負をお客さんと一番近いところにいる接客担当にも分かち合ってほしいと期待しているのだろう。でも、その伝え方が不器用で、料理人の世界で身につけてきたコミュニケーション方法でしか表せないだけなのではないか。

もうここまで来たら仕方ない。私も覚悟を決めよう。私もシェフの思いに食らいついていこうと腹をくくった。

次のバイトの日、出勤するとまず私はシェフに謝った。

「一流シェフたちの修行時代を書いた本を読んで、自分が色々と甘かったと反省しました。料理人の世界では怒鳴りつけるのが当たり前のコミュニケーション方法だったということも（納得はしていないけど）理解しました。お客さんに聞こえるようには怒鳴らないでほしいとは思いますが、今後、気持ちを切り替えて働きますので、これまで通りご指導ください」

急に私の言うことが変わったからか、シェフは驚いたような顔をしてなんとなくうろたえていた。

「まぁ、それは古い時代のやり方だからな……」「俺は姐さんが歳上だからか、つい甘えているところがあるんだよな」

その日もやはり注意はされたが、怒鳴られる回数は減った。私もシェフの動きを丁寧に観察しながら、以前より素早く対応できるようになったと思う。驚くことにシェフから「成長著しいじゃん」と褒め言葉までもらった。

自分が変わると相手も変わる。それ以来、ごくごくたまにではあるが、シェフは今までにない言葉をかけてくれるようにもなった。

叱りつけた後、昔の歌謡曲にひっかけてか、おどけた感じで「いつも甘えてばかりでごめんね」と中年のおじさんなのに可愛らしく小首をかしげる。それで笑ってしまう私の負けだ。

「姐御がいてくれて本当に助かってるよ」「姐さんが今この店を辞めたらもう閉めるしかないと思ってるよ。いつもありがたく思ってる」

私は照れて「今日はずいぶん素直じゃないですか」と軽口を叩く。

シェフとは今も時折、激しく衝突する。でも次に出勤した時は仲直りしてまた一緒に働けるとわかっている。この店に来てくれるお客さんに美味しい料理と気持ちの良い接客で満足してもらいたい。そんな思いは共通するからだ。

そこでつながっている限り、私の心は離れない。少々怒鳴られようが、厳しく突き放されようが、しぶとく食らいついていこうと思っている。

材料（1人前）

- ○ スパゲッティ（1.8mm）……120g
- ○ 粒黒胡椒（肉たたきなどで粗く潰す）……3g
- ○ バター……10g
- ○ 鶏のブイヨン……20cc
- ○ ペコリーノロマーノ……20g
- ○ パルミジャーノ・レッジャーノ……20g
- ○ お湯……20cc
- ○ バター……40g

[仕上げ]

- ○ ペコリーノロマーノ……5g
- ○ パルミジャーノ・レッジャーノ……5g
- ○ 黒胡椒……2g
- ○ 生粒黒胡椒……3g（省略可）
- ○ ビアンケットトリュフ…3g（省略可）
- ○ イタリアンパセリ……適量

作り方

1 バター10gと潰した黒胡椒を入れて弱火でバターが薄茶色になるまで加熱し、バターの香り、黒胡椒の香りをたてる。

2 水または、鶏のブイヨンを入れて加熱を止める。

3 ボウルにパルミジャーノ・レッジャーノ、ペコリーノロマーノをチーズおろしなどですりおろし、ボウルに入れる。

4 スパゲッティが茹で上がる寸前にボウルにお湯を入れてゴムベラなどでなじませる。

5 スパゲッティが茹で上がったら2のフライパンに4を入れて中火にかけ、なじんだらバター40gを入れ混ぜ続けながら加熱する。

6 バターが溶け、水分が結構出てソース状になってくるはず。チーズがダマにならず、トローッと仕上がるのが理想です。

7 皿に盛って、ペコリーノロマーノとパルミジャーノ・レッジャーノを「これでもか!」というくらいにすりおろして、粗く潰した黒胡椒をかけ、イタリアンパセリをお好みの量のせる。

8 トリュフをスライスして（香りが弱い場合は白トリュフオイルを少し垂らしても○）、生粒黒胡椒をのせる。

recipe

カチョ・エ・ペペ

Chapter

13

酒とパスタの日々

シェフがアルコールを飲み過ぎることについては最初から気になっていた。

店名の「Pasta e Vino Kei」は「パスタとワインのケイ（シェフの名前）」という意味だ。お酒と共にシェフの料理を楽しんでほしい店だから、アルコールは身近に種類も量も豊富にある。すべてシェフが味をみて、自分の好きなビールやワインを揃えているのだ。

そんな店だから、ボトルワインを頼んだ常連さんがシェフやホール担当に一杯振る舞ってくれることも多い。調理が一段落したシェフがホールに出てきて常連さんとワインを酌み交わすことも日常茶飯事だ。ランチと違ってディナー担当は基本的に賄いがないので、深夜まで忙しかった営業後にシェフが簡単なつまみやワインで労ってくれることもある。つまり、飲む機会がたくさんある。

それだけではない。シェフは度数が9パーセントと高いストロング系チューハイを買っては飲んでいる。

シェフが飲んだストロング系チューハイ

シェフ曰く、日常的に飲むために、安くて手っ取り早く酔えるストロング系を買う。慢性的に寝不足で疲れているシェフは、「俺のモルヒネ」と言いながらこのストロング系をプシュッと開ける。

そんなシェフの健康を私はずっと心配していた。

というのも、私は医療記者として、ストロング系チューハイが与える健康問題について、以前から警告する記事を書いてきたのだ。

いち早くこの問題を指摘したのは、国立精神・神経医療研究センターの薬物依存研究部長・松本俊彦先生だ。2019年末から、ジュースのように口当たりがいいのに350ミリリットル缶1缶で日本酒1合分のアルコールを含むストロング系チューハイについて、「危険な薬物」と警鐘を鳴らしてきた。そう、アルコールは合法ドラッグなのだ。

その中でもストロング系チューハイはビールなどと比べて酒税が低いため価格が安く、飲みやすさから通常より速いペースで大量のアルコールを摂取してしまう。その結果、自分を失うような飲み方をしたり、暴れたり、自傷行為などの問題行動を起こしてしまったりする患者が多いのだという。依存症のように「行き着いてしまった人」が飲む酒が、今はストロング系になっているのだ。

ストロング系が広がった背景には、価格の安さだけでなく、コンビニやスーパーなどで誰でも24時間気軽にお酒が買えるようなアルコールに甘い日本の環境、メーカーの宣伝戦略（『M－1グランプリ』など、人気テレビ番組の公式ドリンクとなったりして広くPRされている）がある。そして、そのターゲットとなっているのは、生活が苦しかったり、生きづらさを抱えていたり、現代社会で強いストレスにさらされている人たちだ。

松本先生は、ストロング系を飲んでいる人たちのこんなSNSでの文言を引用している。

「『酔う』というより『わからなくなる』ためのお酒だと思っている」「脳みそのブレーカを落とすステキな魔法」「『こんなもん好きで飲んでいる訳じゃない』って気持ちになるあ

たり本当に嗜好品じゃなく麻薬ですね」

そのうえで取材に対してこう語った。

「診療をしている実感としても、本当によくわかります。あれは味わうためでなく、酔うために飲んでいる。忘れるために、頭をゼロにするために飲んでいるなと感じるのです」

シェフも、スタッフ不足やコロナ禍での経営状況の悪化でストレスや疲れが強くなり、ストロング系チューハイに手を出すようになったらしい。当初は350ミリリットル缶を飲んでいたが、最近では500ミリリットル缶も買うようになった。500ミリリットル缶でも、近くの店では税込みで127円。倹約意識の高いシェフは「こんな不味い酒飲みたくないけど、安いからな」と言いながら買い続けている。

その後、慶應義塾大学などの研究グループから、ストロング系チューハイと問題飲酒との関連を大規模調査で明らかにした論文も発表された。

問題飲酒を調べる質問調査「AUDIT」(Alcohol Use Disorder Identification Test)で、8点以上の「問題飲酒」、16点以上の「高リスク飲酒」、20点以上の「アルコール依存症が疑われる飲酒」のいずれも、ストロング系チューハイを飲む飲酒習慣と関連があることがわかったのだ。

さらにストロング系を飲んでいると、「多量飲酒」「コントロールを失った飲酒」「朝の飲酒」「その他の飲酒問題（周りの人が飲酒量について心配したり、飲酒量を減らしたりするよう勧める）」とも関連することが分析によって明らかになっている。

ストロング系を飲むから問題飲酒をするようになるのか、問題飲酒をするような人がストロング系を飲むようになるのかはわからない。しかし、ストロング系を日常的に飲む人は問題のある飲酒をしがちであることはこの研究で明らかにされたのだ。

バイトを始めて間もない2022年12月にこの論文の取材をしていた私は、自分でもAUDITをやってみた。結果は14点だ。「飲酒問題が将来起きたり、既に生じていたりする可能性がある」問題飲酒に相当する。ほぼ毎日飲んで、休肝日を作らない私も私で問題がある。

それなら私以上に飲むシェフはどうなのか。この質問調査に答えてもらった。

その結果はなんと35点。アルコール依存症レベルだ。

驚いて「これは依存症ですよ。もう病院に行って治療を受けなければいけないレベルです」と言うと、シェフは「大袈裟に答えたからだよ」とごまかそうとする。それならと厳しめに答えてもらっても、24点とやはり依存症レベルの点数になった。

依存症とは、アルコールなど特定の物質や行為などをやめたくてもやめられなくなり、社会生活に悪影響を及ぼしてしまう状態のことを指す。

このままでは料理を作ることも、店を開き続けることもできなくなるかもしれない。そもそも出会いの時から「健康診断で肝臓の数値が悪化して、このまま飲み続けると肝硬変になると言われている」と嘆いていたぐらいなのだ。

依存症の疑いが簡易テストでも濃厚になって、シェフをボスとするスタッフの一人として、そして医療記者として、私はどうにかしなければという思いに駆られた。

アルコール依存症の対処法としては、原則、一切アルコールを飲むことを断つ「断酒」を続けるしかない。

でもシェフは、「酒を止めるのは無理だよ。でも減らすよ」と言い張る。確かに身の回りに酒がたくさんある飲食店では、完全に酒を断つことは難しいこともよくわかる。

そもそもシェフに限らず、長時間労働、高ストレスの飲食店の料理人は酒に依存する人が多いようだ。第12章でも紹介し、最近取材した元イタリアンレストランのシェフ、村山太一さんも店を開けている時は営業中に1日にウイスキー1本を飲むこともあったと話していた。「飲まなくちゃやっていられないんですよ。それぐらい疲れていたし、ストレスが溜まっていた」と明かしてくれた。

料理人だった私の祖父も引退後、毎日酒を飲み、眠れない深夜や昼間もビールやウイスキーを飲んでいた。「直子、一緒に飲まんか？」と酒呑みの孫である私をよく誘ってくれたものだ。現役の頃に身についた習慣だそうで、周りの料理人たちも皆、酒を浴びるように飲むのが普通だったと話していた。

シェフもそんな人の一人なのだろうが、完全に断酒するのが難しいとしたらどうすればいいのか。

私は過去に、「減酒」という対処法を掲げた治療を行っている医師の記事を読んだことがあったのを思い出した。酒を断つのではなく、減らす方法だ。

まずその医師、倉持穣先生の本『今日から減酒！　お酒を減らすと人生がみえてくる』（主婦の友社、2022年）を読んでみた。減酒目標を決め、飲酒記録をつけながら外来で医師の診療を受け、酒を飲まずにいられない考え方や行動の癖を徐々に変えていく。そんな治療方法である。

読み終わってシェフに「これシェフも読んでみてください。断酒が無理なら減酒というやり方もあるので、一度試してみたらどうですか？」と本を渡した。シェフは「自分もこのままだと良くないとはわかっている。受診してみるよ」と言う。

シェフ任せにしていたらいつまで経っても行かない気がしたので、早速私が電話をしてみると、減酒外来の初診は5ヶ月先にしか予約が取れないという。それほど需要があるのだ。

他に近くで減酒外来をやっている医療機関がないか調べてみると、ちょうど店の近くの池袋にクリニックがある。私は受付の人に事情を話し、店の定休日の月曜日に仮予約を入れた。「一人で行くのが無理なら奥さんに付き添ってもらうか、私が行くこともできますよ」と伝えたが、シェフは「一人で行くよ」と答えた。

でもその2週間後の予約日に、結局シェフは行かなかった。直前にクリニックに電話し「今のところ自分でコントロールできるから」と伝えたのだという。

確かにその後1週間ほどは飲む量を減らしているのが感じられた。でも結局、酒量はすぐに戻った。

この問題は現在進行形で、シェフは相変わらず酒を飲んでいる。「俺たちは酒偏差値が高いよな」と笑い、飲むのが好きな私もそれに合わせて飲んでしまうのも良くないのはわかっている。

ただ、2023年5月になってシェフは、思い立って原付バイクを買った。これで深夜まで営業しても酒さえ飲まなければ自宅に帰って寝ることができるし、朝、市場に寄って新鮮な食材を仕入れることもできる。

これが酒を減らすきっかけになるだろうか。最近、シェフは再び私に「あの減酒外来の連絡先をもう一度教えてくれないか？　予約入れて行ってみる」と言ってくれた。今度こそ、受診してくれるのだろうか。最近では麦茶を店で作ったり、トマトジュースを飲んだりしてシラフでいることが増えている。自分でもこのままではまずいという認識はあるのだ。

常連さんたちも皆「シェフは飲み過ぎだから体を労ってほしい」と心配している。酒に潰されて、この店を続けられなくなったら困るのはシェフだけではない。家族のためにも、この店を大事な居場所としているお客さんや私のようなスタッフのためにも、アルコールと上手に付き合ってほしいと心から願っている。

Chapter

14

若返る店、
愛しい居場所

コロナ対策も全面緩和されてお客さんが増える中、慢性的な人手不足に悩み続けてきたうちの店。複数の求人サイトに募集を出していたが、応募してきても連絡なしで面接をすっぽかす人がいたり、採用しても断る人がいたりする。その結果、2ヶ月ぐらい火曜日、木曜日とシェフのワンオペ営業が続いていた。

ところが、シェフが募集サイトを大手に変え、時給を100円上げたところ、ポツポツと応募が増えてきた。調理補助のコウタ君が5月いっぱいで辞めるのを前に、大学生ら10代、20代前半の若い仲間が数人加わることになった。

気がつけばアルバイトの中で私が一番の古株。いつのまにか、教えられる側から、教える側になっていた。そして1年近く経って、この店は私にとってなくてはならない大事な居場所となっている。

最初に加わった高暁敏《コウギョウビン》さんは、国立大学の経営学修士課程で学ぶ中国人留学生だ。日本語を話すのは上手だし、書くのも上手。アルバイトは初めてだといい、初日は私と一緒に土曜日のディナーに入った。私にとっても初めての指導になる。ウーロン茶という注文をさりげなく漢字で書くところが、さすが漢字の国の人である。

テーブルの番号を教え、お客さまの案内の仕方、注文の取り方、伝票の書き方、ドリンクの作り方、運び方を、実際に接客しながら教えると飲み込みが早い。この日は途中で満席になったこともありバンバン任せるようにしていたら、1日であらかた一通りのことはできるようになった。

緊張しているのか表情が硬いので、「名前の漢字はどう書くの？　あら綺麗な名前ね」「料理はするの？　四川省出身ならやっぱり辛いもの作るのかしら？」などと質問すると、ふわっと20代女子の柔らかな表情に戻って笑顔で語り始める。帰り際に「今日は疲れたでしょう？」と聞くと、「はい、まだ慣れません。でも頑張ります」とまたニコッとしてくれた。

高さんはその後、忙しい土日のランチなどに入ることになり、康子さんたちの指導も受けて、私が日曜日に食べに行った時はしっかりホールを回していた。シェフも言葉の細かいニュアンスが伝わらないのをもどかしそうにしつつ、「高さんはなかなかいいね」と喜んでいる。

別の20歳のフリーターが面接に来た時は、シェフから仕事中の私に、「おい、ビール飲まないか？」と電話がかかってきた。私と同様、面接でいきなり生ビールの研修をして何杯も注ぐので、そのビールを全部飲んでいたら酔っ払ってしまう。だから呑兵衛の私にもお裾分けしてくれるというお誘いだ。

1時間ほどで仕事を終えてお店に向かうと、なぜか可愛らしい女の子がシェフの前に立ってアップテンポのJ－POPを熱唱している。なんじゃこりゃ。

「歌が得意って言うから、歌ってもらってるんだよ」と、既にほろ酔いになっているシェフが笑いながら言う。面接開始から3時間経っていて、シェフもその子も何杯も飲んでいるらしい。

私も研修したての生ビールを注いでもらい飲んでいると、やはりシェフの呼び出しを受けた常連の杉井さんも到着、そのまま宴会に突入した。「私、なんで面接でこんなに飲んでいるんでしょう？」と半笑いで戸惑っている女の子にまたしても歌を歌ってもらい、私は笑いっぱなしだ。こんな面接があるだろうか？

さらにやはりシェフから呼び出しを受けて駆けつけた常連の千葉さんも加わり、面接相手が帰った後も宴会は続いた。私がこのバイトを始めた初日に歓迎会を開いてくれたメン

医療記事が書けなくなった私を励ましてくれた常連の千葉さん

バーで、私が一番気を許している常連さんだ。

ワインをどんどんボトルで開けてごちそうしてくれて酔いが深まる。気がつけば、その頃、不本意な異動で医療記事が書けなくなった私は、最後まで残った千葉さんとシェフの前でそれを語りながら泣き出していたらしい（うっすら覚えている）。

私はバイト先で印象に残った場面や言葉をスマホのメモ帳に記録しているのだが、この日は千葉さんのこんな言葉が残してあった。酔っ払ってすっかり忘れていた。

「悩んだってしょうがないじゃん。寝て起きたら明日が来ちゃうし」

明け方に目覚めると、風呂にも入らないま

ま自宅の床に倒れて寝ているのに気づいた。どうやって帰ったかも覚えていない。二日酔いの頭で床に転がっているスマホの画面を見ると、千葉さんから深夜にＬＩＮＥが届いていた。

がんばれ～✌

おやすみ～✌

よくよく思い返すと、深夜に酔っ払って帰る道、千葉さんが珍しく落ち込んでいた私を心配して途中まで送ってくれたのだ。千葉さんは私を「直さん」と呼び、からかいながらも、いつも優しい言葉をかけてくれる人だ。私はこの異動について、家族にも涙を見せたことはない。いつのまにかこの店や常連さんは、自分の一番弱い姿を見せ、一番つらい気持ちを吐き出せる場や人になっていたのだ。

次の日、バイトに行くとシェフは「姐さんは強い人だと思っていたから、昨日は驚いたよ。そんなつらい思いをしていたなんて知らなかった」とさりげなく気遣ってくれた。でもその後はいつものように接してくれた。こんな場所があるから私はまだ大丈夫だ。素直にそう思えて嬉しかった。

この原稿を書いている今、私は医療記事を書けなくなったバズフィードジャパンを辞めることを決めた。最初に書いた「このまま医療記者を続けていけるのか」という不安は現実のものとなったのだ。その時、私が救われた場の一つがこのバイトだった。

シェフもバイト仲間も、常連さんも私を人間らしく扱ってくれて、私の良いところを見ようとし、引き出そうとしてくれる。ことあるごとに「一緒に過ごそう」と誘ってくれて、当たり障りのない会話を交わすのではなく、時にはケンカもしながら真剣勝負で付き合える。そんな風にありのままの自分で生きられる場所があるからこそ、私は自分の価値を信じることができる。

あの夏の日、「おう、一緒に飲もうぜ」とシェフが気まぐれにかけてくれたあの誘いを断っていたら、今頃私はどうしていたのだろう。あの時、思い切って飛び込んでみて本当に良かった。改めて、そう感じている。

5月の中旬になって、入社した会社の新人研修のために関西に行っていた元バイト仲間のコイズミ君が、東京に戻ってきた。

東京への引っ越しを終えたその日の夜、店に突然現れたコイズミ君の姿に、接客中だった私は「あー！」と大声を出してしまい、お客さんを驚かせてしまった。本物だ。ずっと会いたかった。コイズミ君も「会いたかったです！　ずっと店が恋しかったです！」と満面の笑みで言ってくれて、久しぶりの再会にシェフも私も幸せな気分でいっぱいになった。

その2日後にも、引越しの代休を取ったコイズミ君は店に遊びに来てくれて、ちょうどキノコ採りの名人伊藤さんが参加する18人の宴会の接客を手伝ってくれた。久しぶりのシェフと3人のコラボレーション。スーパーマリオブラザーズのリズムへの反応が鈍くなったコイズミ君を、シェフと二人で「もう忘れちゃったんじゃないの？」とからかう。役割は変わりながらも、関係はこれからも続いていく。再び一緒に過ごせることが嬉しくて仕方なかった。

その数日後、私に新たに医療記事を書ける場を提案してくれた知り合いとの打ち合わせに向かう途中、またスマホにシェフから電話がかかってきた。

「姐さん、今からビール飲まないか？」

「また面接なんですか？」

「おう、ポスト・コイズミになりそうな爽やかな大学生が来てるんだよ」

その男の子、大学1年生の尾崎克馬君（18）はシェフと電話を代わり「尾崎です。今、バイトの面接に来ています。どうぞよろしくお願いします！」と元気いっぱいの挨拶をしてくれた。

打ち合わせを終えた後に店に向かうと、店の前に長身のシュッとした若者が立っていた。面接を受けにきた尾崎君だ。私が「面接に来た人ですか？」と声をかけると、名前を名乗って「よろしくお願いします！」とハキハキと挨拶する。身長182センチで、大学ではバレーボール部に所属するスポーツマン系イケメン。確かにポスト・コイズミ君になりそうな予感がする。

店に入ると、尾崎君は「じゃあ研修ビールお願いします」と伝えてから数分でビールを注いできた。泡の状態も量もパーフェクトに近い。「早いし、すごく上手だね」というと、「もう洗浄までは事前に済ませておきました！」という。

シェフは「こういう先回りの配慮ができるのはいいよなあ」と目を細めている。これからまた楽しくなりそうだ。

さらに、6月には嬉しい仲間が入ってきた。第9章で紹介した林さんご夫妻の一人息子、倖大君《こうた》だ。シェフがワンオペでこなしている日に手伝わないかと、林さんが倖大君に話してくれたのだ。りえこ新聞ではあんなに小さかった子が、今では林さんの身長を超え、頼もしい16歳になっている。

高校生になった倖大君は、学校やバスケットボールの部活動がない日の夕方や休日のランチに入ることになった。小学校1年生の頃から倖大君の成長を見守ってきたシェフは彼のことが可愛くて仕方ないようだ。「俺が倖大を鍛えてやる」と自ら指導している。

私も一緒にディナーに入ってみると、「おばあさん」とか「おかあさん」とふざけて私を呼ぶシェフに「おばあさんとか、おかあさんはないでしょう。せめてねえさんですよ」と笑いながらツッコミを入れてくれた。「倖大君はお父さんに似て紳士だねえ」と私が褒めると、へへへと嬉しそうに笑った。それ以来、私のことを「ねえさん」と呼んで慕ってくれる。

飲み込みが早くて、人懐っこく学校のこと、部活動のこと、お父さんのお弁当のことをニコニコしながら話してくれる倖大君が私も可愛い。子供がいない私は、私を「東京のお母さん」と呼んでくれるコイズミ君や、克馬君も含めて擬似家族のような気分を味合わせてくれるこの店がますます愛おしくなった。

シェフを囲む新しく入ったバイトの倖大君（左）と克馬君（右）

この本が出版される頃、私はこれからも医療記事を書き続けるためにバズフィードジャパンを辞めて、新たな道を歩んでいる。でもたぶん、この店でバイトは続けているはずだ。新しいお客さん、新しいバイト仲間が加わり、またここで新たな時が刻まれていくのだろう。

私にとって人生後半戦にふと現れた大切な居場所。職人肌で愛すべきシェフとマダムが営むこの店の灯りに惹かれて、今日もお客さんや私たちスタッフが集まってくる。

きっと全国には誰にとってもこんな大切なお店があるのだろう。それぞれの場所で今日もそれぞれの愛しいドラマが生まれている。そんなことを想像すると、この世の中捨てたもんじゃないなと私は心が温かくなるのだ。

Chapter

15

シェフインタビュー

――バイト日記で自分や自分の店のことを書かれたものを読んで、どんな気分なのでしょう？

カッコよく書かれ過ぎているところもあれば、ダメなところもダメなりに書かれている気がしますよね。いいことを書かれていれば素直に嬉しいですね。

――そもそもシェフはいつ頃から料理人になろうと思っていたんですか？

大学2～3年生の頃は警察官になろうと思っていました。両親は岩手県の一関市役所に勤めていて僕は次男として生まれたのですが、おじは岩手県警の署長を務めた人で警視正（警察官の階級で警視総監、警視監、警視長に次ぐナンバー4）でしたからね。母方のお祖父さんも刑事でしたし、親戚に警察官がたくさんいたんですよ。

――結構、お堅めの親族なんですね。意外です。それで警察官採用試験を受けたんですか？

落ちましたね。

――落ちた後、なぜ調理師に？

その頃はバブル崩壊後で、リストラが世間を賑わせている時期だったので公務員を考え、それが無理なら自分の好きなことで手に職を、と思ったわけです。しかも自分にしか作れないもので誰かに喜んでもらえるような仕事をと思っていました。

――若い頃から料理は作っていたんですか？

ほとんど作っていません。でも小学生の頃からお祖父さんに習って、適当に肉を焼いて、キムチの素を入れたりしたサッポロ一番味噌ラーメンを作るのは好きでしたね。

――手に職をつけると言ってもいろんな職業があるわけですが、その中でなぜ調理師だったんですか？

そんな深く考えてないです。警察官は受かりそうもないなと思ったので、調理師か杜氏を目指したかった。だけど杜氏の方は、一緒に住んでいた父方の祖父になぜかはわからないけど猛反対されたんです。僕は結構素直なので、そういう風に言われたらそうなのかなと思ってしまった。

――それにしても調理師か杜氏かということは、大学時代から食べたり飲んだりすることが好きだったんですね。飲み歩いていたんですか？

飲み歩いてはいないですよ。むしろ家飲みで、久保田の翠寿、碧寿、紅寿、得月など高級な酒を飲んでいました。

――その頃から酒が好きだったんですね。飲食店でアルバイトをしていたんですか？

していません。家からの仕送りだけです。だから僕は結構貧乏性。そんなにお金を使いません。家にダブル公務員がいて質素に慎ましやかに暮らしていたおかげで、僕たち息子にはいろいろお金をかけてもらえたわけです。子供の頃は周りの友達は東京に遊びにいったりしていたのに、うちはおやんつぁん（父親）と一緒に遠出したのは1、2回だけでした。

――堅実な家庭で育ったんですね。シェフ、意外と真面目ですものね。調理師は反対されなかったんですね。

はい。

――それで東京の調理師専門学校へ。そこで講師だった管理栄養士の奥さんと出会うのですね。一目惚れして。

そう。24歳の時。素敵な人だなと思って、猛アタックして付き合ってもらいました。それから5年で結婚したんです。

――1年で調理師の資格を取って、最初に就職したのは？

インドカレーの店、デリー銀座店です。

――うちの店でタンドリーチキンなどを出していますものね。なぜ最初はインドカレーで修行したのですか？

調理師をやるからにはすぐ独立したかったし、ラーメンとかカレーとかB級グルメが好きだったんです。ラーメンを作る技術があったら、田舎でも安いハコがあったらすぐ経営できそうですよね。ラーメンやカレーの店で働きたいと進路指導の先生に言ったら、「カレーならいいところがあるよ」とデリーを紹介されました。そこに5年いました。

——そこではカレーを作る技術のほか、何を学んだのですか？

店に現地人がいることは良かったですよね。技術だけでなく、その人たちがこうやって生活しているんだろうなということがなんとなくわかる。ただ、その店の料理が一通り作れるようになっても、ただの1ステップにしか過ぎません。お店のレシピが確立されていて、月替わりのカレーのレシピを誰かが開発して作るだけのレベルでは、料理人としてはどうにもならない。今、僕がやっていることは、食材があって、その食材をどう活かして即興で作るか。そうやってお客さんに喜んでもらいたいし、満足してもらいたいわけです。

——でもデリーで調理の技術は身についたんですよね。

自分にとって一番大きかった経験は、賄い作りだと思います。月に8回ぐらい賄いを作る機会があって、それがプレッシャーでした。うまくできない時はそれが嫌で嫌でしょうがない。うまいものを作れるかどうかわからない1年目の新人でも作らなくちゃいけない。その時は8人前を作っていました。自分の料理人人生の中でも、あの賄いの体験は特に鍛えられましたね。一人250円の予算だから、8人分で2000円使える。だいたい2日連続で作るから、4000円分の材料の買い出しに行くわけですよ。1日はカレーにすると、店の玉ねぎやご飯を使っていい。1時間の休憩時間は、そんなことを計算しながら買い出しに追われるのですよ。それは今の仕事に通じる作業でしたね。

――どんなものを作っていたんですか?

カレーも作ったし、和食出身の先輩がいて可愛がってくれたので、「休憩時間を合わせてやるから待っておけ」と言われて、和食の作り方を教えてもらったりもしていました。意外とインド人も味噌汁が好きでしたね。「美味しい。余っているなら持って帰りたい」などと言われました。

――その賄いで、材料費を計算しながら、即興で食材を見て作ることを訓練したわけですね。

いまだに結局は、そこが大事だと思うんですよ。材料にどれぐらい向き合って、その特長を引き出して、お客さんに提供できるか。僕の仕事はいつもそんな感じです。だから市場になかなか買い出しにいけない今はつまらない。本当は毎日市場で食材を見てインスピレーションを受けて、今日のメニューを決めたいのですよね。

＊＊＊

パスタを作るシェフの手

——そのデリーに働いていた時に結婚して、結婚式で「いつか自分の店を持ちたい」と宣言されていました。やはり自分の店って持ちたいものなんですか？

それは当たり前ですね。逆になぜ持ちたいと思わないいんですか？

——自分の店なら、自分の思うようにメニューや経営の仕方を決められるからですか？

それは当然あるでしょうね。

——いつ頃から自分の店を持とうと思っていたんですか？

普通、料理の仕事をしようと思う人は、自分の店を持ちたいと思うわけですよ。調理師を目指した時点でね。みんなそう思いますよ。僕は大学を卒業して20代から調理師を目指したから、余計にそうです。

――なぜ雇われ料理人ではなくて、自分の店が持ちたいのでしょうね。

それは漠然としてますよね。でもやるからには一国一城の主に、という思いがあるし、それがなぜなのかは言葉では言い表せない。でも今、実際に店を経営して大変な思いをして感じるのは、同じようにやらせてくれて給料も休みも保障してくれるオーナーがいるなら、それが理想だということです。一人で経営も料理もやると、休みも取れないし、お金の心配もしなければいけないし、はっきり言って大変。なんの保証もないですしね。酒を飲まなくちゃやってられません。

自分の店を持って、自分でやりたいようにやって、お客さんが「圭さん、圭さん」と来てくれて、めちゃくちゃ嬉しいしやりがいもある。でもそれでお金が貯まるわけではないし、生活で精いっぱいレベルです。

まあでも、それができていればいいのかもしれないですよね。お客さんと一緒に飲んでおごったりおごられたりして、おしゃべりして、自分の生活は成り立って、たまにどこかに呑みに行ったりするお金はある。ただ、欲しいとも思わないけれど贅沢な服や装飾品、車とかを買う余裕はあまりない。そんなレベルではあるけれど、今の生活は少なくとも楽しいのは確かです。

例えばどこかに雇われていると、「この季節だからこんなメニューを出したい」と思いついても、「それはイタリアンじゃない」とか「これはうちの会社には合わない」とくだらない理由で却下される。そんなのは嫌ですよね。自分が思ったようにやりたい。それを作ってみてダメだったら引っ込めるけど、事前に止められてそれが試せないのはつまらないです。

――今は春に「バッキャ味噌（ふきのとうの味噌）」を出しているし、ボラの白子ポン酢や栃尾の油揚げなど、イタリアンじゃないメニューも結構出してますよね。

そうですね。人に変に自分のやりたいことを止められたくないですよね。

――だから一番大切な奥さんが反対するのも押して、この店を持ったんですね。

スタートの時に関しては勝手に始めたぐらいの勢いだったので、今思えば妻には申し訳なかったとは思いますよ。

――2013年10月に37歳で独立したわけですが、それはどういうタイミングだったんですか？

デリーが5年、ピザ専門店に5年、その後、イタリアンチェーン店で2年働いていたんですけれども、そこの居心地が良かったということもあるんです。月に7回前後休みがあって、半日休もある店で2年間働いていました。このままサラリーマンコックとして満足してしまうのもいいかなと一瞬思ったのですが、休みの時間がたっぷりあったので独立についても考えてしまう。一度は夢を封印しようと思っていたけれども、一度きりの人生、後悔ないように生きたいなと思ったのです。それで独立を決意しました。

――自分の店はイタリアンレストランにしようとどこで思ったんですか？

高級イタリアンでもちょこちょこ学んでいたのですが、そういうレストランのパスタを食べ出すと、やはりこれだなと思う。クオリティが違う。他にカジュアルなレストランですが、足立区の自宅近くにある「モンテドーロ」というイタリアンもめちゃくちゃうまいんですよ。デリーに勤めている時に、「あぁ、こんな店ができたんだ」と妻と一緒に行ったのですが、本当に美味しい。なんでこんなに美味しいのかわからないけど、とにかく美味しい。味じゃなくて気持ちだと僕は思っているんです。

――シェフはよく「気持ちを込めて作りました」ってお客さんに言ってますね。

料理を作るときに一番大事なのは、料理にかける気持ちだと僕は思っているんです。何か知らないけれど、プラスアルファの、魂こもっている感が伝わるんです。本当にシンプルな料理なんですよ。でも本当に美味しいんです。

――それでイタリアンがいいなと思ったんですね。

「え？　パスタってこんなに美味しいの？」と思った。ポルチーニクリームとかを食べてそう思いました。デリーで働いている時、賄いでカルボナーラも作っていたんですが、自分で作るとしょっぱくなったりする。パスタって難しいな、と思っていました。そもそもお店であまり食べたことがないのに作るから当然なんです。そんな時に、モンテドーロで食べて、「この人のパスタはなぜいつもジャストミートして美味しいんだ」と驚いた。それぐらい自分のパスタの経験値が低かったわけですね。

――その感動と出会って、パスタの修行をしようと思ったんですね。

そうですね。

――全然ジャンルの違うイタリアンで修行し始めてどうだったんですか？

最初は高級イタリアンの店に強気に攻め込んだのですが、そこでめちゃくちゃ怒鳴られ蹴られたんです。きつかった。前菜の担当だったのですが、2ヶ月ぐらいで逃げ出しました。オーダーはイタリア語だし、スピードやシェフの要求するレベルについていけなかった。ただ、そこで経験できたのは良かったです。僕の中で当たり前だと思っていることが、当たり前にやられていた。逆に言うと、その後色々な店で面接しても、当たり前のことをやっていない店が多過ぎてびっくりしたぐらいです。

――当たり前のことって、どういうことですか？

例えば、魚介類のフリットがあるとする。街場のレストランでは冷凍ものが蔓延っていたり、パスタも冷凍のイカで作るのが当たり前だったりするのはおかしいなと思っていました。でも、面接で「冷凍ものを使っている店があまり好きじゃない」なんて言うと、「う

ち も使ってますけど」と言われて何度も落とされましたよ。修行した高級イタリアンは単価が高いこともあるけど、もちろん生の魚介を使っていた。僕からすればそれが当たり前です。

「これぐらいが当たり前だよね」という基準は自分の中にそもそも持っていました。そのうえで高級店の厨房で働いて、やっぱりこれが当たり前だよね、と確認できたわけです。

――今に通じる「これが当たり前だ」という基準はどこで身につけたんですか？

料理でそもそもどこを目指すか考えた時に、冷凍のシーフードミックスでパスタやピッツァを作るなんてチェーン店のレベルにしかならない。そうではない店で働くなら、当然、市場にある食材を活かすような料理をするのが当然です。フレッシュな食材の良さを引き出す調理をするのが当たり前。でも街場の一人2000～3000円ぐらいで食べさせる店だと、僕の言っていることが鼻につくようでした。

――ソースや調味料をすべて手作りするスタイルはどこで身につけたんですか？

それは続けているうちに、自分でこの方がいいと思ったことをやっているだけですよ。色々な店で経験したこともそうだし、何よりここでもう10年店をやっていますしね。人の店の真似だけではなくて、自分のスタイルにどんどん変えていくのが当たり前でしょう。食材の業者が、出汁の食材でこういうものを出しているから値段も手頃だし使ってみようとか、そんな試行錯誤の連続ですよ。誰だってそうでしょう。最初から100パーセントの確信を持って始めたわけじゃないです。

――手作りベーコンとか、発酵調味料のロザマリーナとかもその試行錯誤から生まれたんですか？

そりゃそうですよ。全部自分で考えて取り入れてきたんですよ。十数年前に「サルデッラ」という生しらすのオイル漬けが小瓶で1700円ぐらいだったんです。そんな高いと使えない。でも使いたい。だから自分で作ってみたら安いし、それを使って作ってみたら「めちゃうま」なわけです。そうやって自分で作るようになってきたわけです。どうすれば美味しくなるか考えながら、一つひとつ足していった感じです。

――シェフにとって理想の料理ってどんなものですか？

僕にとって理想の料理とはお客さんが求めている料理だと思います。そしてそれを即興で対応でき、提供でき、満足していただけるよう引き出しをたくさん持っておく。技術を高めておく。そういう気持ち、姿勢が大事だと思います。要は人（お客さん）と自分とのつながりが大事だと思っていますので、来てくださった方の欲求を引き出して、満足して帰っていただきたい。それだけです。

＊＊＊

厨房に立つと、とたんにキリッとするシェフ

――接客についても聞きたいのですが、スタッフの募集の文面に「お客さんとのコミュニケーションを大事にできる人」という要件をずっと書き続けていますよね。何がきっかけでそれが大事だと思い始めたんですか?

最初からです。

――厨房で働いていたのにそんなことを考えていたんですか?

どのタイミングからかはわからないけれど、ホールにスタッフが十分にいる時は今ほど意識していませんでした。その人たちが当然やってくれるものだと思っていたし、できてもいたから、接客は自分が担うべきところではないと思っていました。

ところがそのスタッフがいなくなって初めて、「すべて自分がやらなくちゃいけないんだな」と思ったのです。かと言って、それが嫌でもなかった。自分がホールに出てお客さんとしゃべるようになったことで、「このお客さんの好みはこうだそうです」と間接的に伝えられるより、自分で直に知ることができるようになった。

――へえ。ホールスタッフが十分いる時は、ホールにあまり出てこなかったんですね。

それができるスタッフがいたからね。そのスタッフが4～5年前に辞めてから、こうやってホールに出てきてお客さんと飲むようになったわけです。

――それをお客さんも喜んでくれているわけですよね。

結局、お客さんが大事なんですよ。元からお客さんに喜んでもらいたいと思っていたけれど、人任せだったところをそれじゃ無理だなと思って自分でもやり出したわけです。

――お客さんとスタッフが会話して、常連さんとなって何度も来てくれる。そんな店にしたかったのはなぜですか？　人間的なつながりがなくても、料理だけを極めて「美味しい」と言ってもらう店だってありますよね。

常連さんが好きだからですよ。それが売り上げにつながるのも当然わかっているけれども、人が好きじゃなければできないことです。その人が好きだからそういう絡み方をしている。それだけです。

――シェフはもちろん常連さんを好きですけれど、バイトにもそれを求めるのは人間的なつなが

シェフと筆者。楽しい職場だ。

りのある店にしたいからではないですか？

結局、それでお客さんに気に入っていただけたらへビーユーザーになっていただけるということもあるかもしれないけれど、お客さんが好きだからスタッフにもそうなってほしいとは思いますよね。

——常連さんにとってもスタッフにとってもこの店が居場所になっていますよね。

そうですね。嬉しいです。自分もそういう風なつながりを大事にしているので、同じ思いなのかなと思うと幸せです。

——店を今後どうしていきたいですか？

今でいっぱいで、先を考える余裕がないのが実情です。そして店の今後というより、自分の今後の理想という意味では、海と山の近い田舎町でその地の食材を活かした地域密着型の店をやってみたいと思っています。

あとがき

備忘録のつもりでｎｏｔｅに書いていた「バイト日記」を本としてまとめないかと連絡があった時、本当に驚いた。本業の記者の仕事の合間に、趣味のように力を抜いて楽しんで書いていた記録だ。本にして読んでくれる人がいるのかな、とちょっと心配にもなったが、より多くの人にうちの店の魅力が届くかもしれないと思い、とても嬉しい依頼だった。

その依頼をくれた担当編集者の林志保さんも、若いのに行きつけの居酒屋での一人呑みが好きな人だ。この小さな店に自分の居場所を見出している私に強く共感してくれて、最初の打ち合わせ後に、早速うちの店で一緒に呑んだくれた。初対面の時からシェフともすっかり意気投合し、今では常連さんの一人になっている。

ぽんと懐に入ってきてくれつつ、書籍編集のプロとして、原稿を丁寧に読んで付け足すべきところ、もっと説明が必要なところを細かく注文してくれた。この本を良いものにしたいという彼女の「千本ノック」に、新人記者のように必死に打ち返したおかげで、ｎｏｔｅ連載時よりも厚みのある内容になったと思う。改めて熱い女、林さんにお礼を伝えたい。あなたがいなかったら、本にはなりませんでした。ありがとうございます。

料理の写真を美しく撮ってくれた写真家の山本マオさんや、表紙の温かいイラストを描いてくださったオカヤイヅミさん、素敵なブックデザインをしてくださったデザイナーのchicholsさんもこの店の魅力をビジュアルで余すところなく伝えてくださった。プロのお仕事、さすがです。ありがとうございました。


バイト中は接客で必死なのに、気になることがあるとエプロンのポケットに入れてあるスマホでついメモを取ってしまうのは、どうしても私が記者だからなのだろう。特にシェフの岩井圭さんは、「こんな人は今までの人生で出会ったことがない」と思うほど個性的な人だ。一挙手一投足が面白くて、でも、時折ポロッと語る仕事への情熱がカッコよくて、気がつけばこの連載は「シェフ観察日記」のようになっていた。

そんなシェフの人柄や料理に惹かれてやってくる常連さんたちやスタッフもまた個性派揃いで、連載のネタには困ることはないのも幸運だった。

そのうち、シェフがお客さんたちに「うちのバイトの岩永が、バイト日記書いているんですよ」と紹介してくれるようになり、店内でも読者が増えた。オンラインでの連載では店やシェフの名前は伏せていたのだが、私の直接の知り合いだけでなく、記事をヒントにこの店を探し当てて食べに来てくれる人もいた。この発信で、店につながる人が広がったことも喜ばしいプレゼントだった。

私が医療記者であることを知り、ALSの奥さんがいることを教えてくれた常連の林隆志さんのように、このバイト日記をきっかけに、常連さんたちとより深く知り合えたことも私にとってありがたいことだ。みなさん、ちょこちょこ読んでくれて自分の行きつけの店が記事になるのを喜んでくれた。

本の中でも書いた通り、千葉さん、杉井さんをはじめとする常連さんたちはただのお客さんではない。私の人生に深く入り込んでくれた、かけがえのない人たちだ。この場を借りて、改めて感謝の念を伝えたい。いつもありがとうございます。また一緒に呑んでください。

きのこ採りの名人、伊藤さんは今年も早速7月に採れたてのきのこを送って下さった。伊藤さんの優しさにいつも支えられています。本当にありがとうございます。

言葉にしにくかっただろうに、一筋縄ではいかないマダム業の大変さをじっくりと話してくれたマダムの康子さんにもお礼を伝えたい。夫を支える役割だけでは満足せず、自分自身の人生を模索する姿には、働く女性の一人として共感するところが多かった。

若い仲間、コイズミ君やコウタ君、高さん、克馬君、倖大君、記者仲間の千葉君、美月さんご夫妻も、いつもありがとう。あなたたちと一緒に過ごすことで、私の世界は色彩を増しました。

そして、私が飲食業に関心を持ったのは、料理人だった亡き祖父、松原武夫と、現役で料理人として働く母、岩永弘子のおかげだ。飲食業の楽しさも厳しさも二人から教わり、心のこもった美味しい料理を食べさせてもらったおかげで、今の私がある。本当にありがとう。

最後に、岩井圭さん、あなたは最高のシェフです！　こんな素敵な店は他にはありません。どうか体に気をつけて、これからも美味しい料理と温かい人とのつながりを創り続けてください。Pasta e Vino Keiとシェフに出会えたことに心から感謝しています。

最後まで読んでくださった読者の皆さまにも、温かい灯りのようなお店がいつもすぐそばにあることを祈っています。

２０２３年７月26日　岩永直子

今日《きょう》もレストランの灯《あか》りに

2023年8月31日　初版第1刷発行

著者　岩永直子《いわながなおこ》
装丁　山田知子＋chichols
装画　オカヤイヅミ
写真　山本マオ
発行人　永田和泉
発行所　株式会社イースト・プレス
〒101-0051
東京都千代田区神田神保町2-4-7 久月神田ビル
Tel.03-5213-4700 Fax.03-5213-4701
https://www.eastpress.co.jp
印刷所　中央精版印刷株式会社

 ISBN 978-4-7816-2222-4